TRAVESÍA DEL ATLÁNTICO. GESTIÓN DEL PÁNICO
© Alberto Adolfo Jiménez Burkhardt
Diseño de portada: Dpto. de Diseño Gráfico Exlibric

Iª edición

© ExLibric, 2026.

Editado por: ExLibric
c/ Cueva de Viera, 2, Local 3
Centro Negocios CADI
29200 Antequera (Málaga)
Teléfono: 952 70 60 04
Fax: 952 84 55 03
Correo electrónico: exlibric@exlibric.com
Internet: www.exlibric.com

ISBN: 979-13-88255-11-3
Depósito Legal: MA 412-2026

Impresión: PODiPrint
Impreso en Andalucía – España

Nota de la editorial: ExLibric pertenece a Innovación y Cualificación S. L.

ALBERTO ADOLFO JIMÉNEZ BURKHARDT

TRAVESÍA DEL ATLÁNTICO
Gestión del pánico

ExLibric

ANTEQUERA 2026

A mis hijos, Alberto y Carlos, que han tenido
que soportar un padre tan peculiar

Prólogo

El autor de este divertido libro nos presenta una parte de su autobiografía, donde describe algunas de sus diversas aventuras, vivencias, éxitos y percances, ocurridos durante sus actividades a lo largo de una extensa carrera deportiva y profesional, algunas de las cuales he podido presenciar directamente, como la que sucedió en la costa de Cefalú en Sicilia, y otras muy interesantes y divertidas, o no tan divertidas, descritas en este ejemplar.

Ahora que estamos en un momento de nuestra vida de una extrema madurez, y que parte de este desarrollo he podido vivirlo junto con el autor de esta obra, dada la gran y sana amistad que nos une desde hace algunas décadas, puedo decir que el creador de esta obra es una persona de una magnífica formación en su profesión facultativa, así como en su adiestramiento náutico y en varios deportes más, de los cuales es practicante. De aquí que se refleje en este ejemplar su gran afición a la náutica, sus sueños, ilusiones y sus correrías en esta actividad, incluidos sus momentos de alta sensibilidad y frustración.

A lo largo de sus catorce capítulos, se desarrollan los proyectos del escritor, sus ambiciones, ilusiones y sueños, sus vivencias, sus agobios y consuelos. El autor, en ciertos momentos, se expresa y se sincera sobre los sentimientos y sufrimientos que ha pasado durante algunas de estas actividades deportivas, siendo un capítulo muy interesante donde se ve el perfil humano de este autobió-grafo, que mucha gente y amigos desconocen.

Es un libro muy interesante, donde se expresa la sinceridad y el deseo de comunicación, con una lectura amena. Es de esos libros que empiezas y no lo dejas hasta su finalización, lo que indica que es un libro cautivador y muy recomendable su lectura.

Manuel Navarro Molina de Haro
Médico jubilado. Amante del mar.

Prólogo 2

Este livro descreve, com precisão cirúrgica, o percurso iniciático de um cirurgião no mundo da navegação à vela. Esse percurso culmina com uma travessia do Atlântico da qual eu era o skipper. Quero deixar aqui a minha homenagem ao Alberto: ele fala muitas vezes do medo que sentiu durante a travessia (medo esse mais do que justificado, note-se). Coragem não é não ter medo. Isso é estupidez. Coragem é fazer face ao medo e o Alberto fez, corajosamente. Obrigado, Alberto.

Este libro describe, con precisión quirúrgica, el camino iniciático de un cirujano en el mundo de la vela. Este recorrido culmina con un cruce del Atlántico del que yo era el patrón. Quiero dejar aquí mi homenaje a Alberto: a menudo habla del miedo que sintió durante la travesía (un miedo más que justificado, cabe señalar). El valor no es no tener miedo. Eso es estupidez. El valor es enfrentarse al miedo y Alberto lo hizo, con valentía. Gracias, Alberto.

Luis Serpa
Capitán de Yate

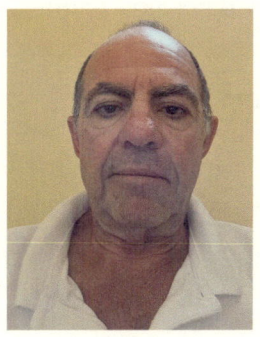

Prólogo 3

Hay viajes que no empiezan en un puerto, sino en una inquietud. Una idea que vuelve una y otra vez, que no te la puedes quitar de la cabeza, hasta que un día obliga a soltar amarras.

Este libro nace de una de esas ideas: la de cruzar un océano para comprobar de qué está hecha la madera del médico que ha pasado media vida entre quirófanos, diagnósticos y decisiones que pesan como plomo y que ya se ha jubilado. Porque el verdadero motor de esta historia no es el viento, sino la necesidad de sentirse vivo. Como yo suelo decir: «Sumando amaneceres, sumando puestas de sol y sumando experiencias».

El Atlántico es un territorio salvaje, cambiante e imprevisible, una frontera psicológica donde el cuerpo protesta y la mente negocia con el miedo. Cruzarlo a vela, en dirección contraria a los vientos fáciles, no es una aventura turística, es una declaración de principios. Significa elegir lo difícil cuando ya nadie te obliga a hacerlo. Todo se reduce a lo esencial: el barco, el viento, el mar y la mente del que navega. Cada decisión cuenta. Cada error se paga. Cada milla recorrida es una pequeña victoria.

Alberto no narra aquí solo una travesía de varios miles de millas entre continentes; relata el pulso constante entre la calma y el miedo, entre la razón y el impulso, entre lo que uno sabe hacer y lo que aún se atreve a intentar. En medio del océano afloran recuerdos, dudas y pensamientos que rara vez aparecen en tierra.

El lector encontrará aquí temporales, largas guardias, silencios ventosos, conversaciones con uno mismo y momentos de belleza casi irreal. Pero, sobre todo, encontrará a una persona enfrentada a lo desconocido con la única herramienta que nunca falla del todo: la determinación de seguir adelante a pesar de la edad y los achaques.

Si decides embarcarte en estas páginas, prepárate para algo más que una travesía oceánica. Estarás a bordo, sintiendo cómo cruje el casco, cómo cambian los vientos y cómo, poco a poco, el océano va despojando a quien navega de todo lo que no es esencial.

David Soria
Capitán de yate profesional

GRANADA, 29 DE DICIEMBRE DE 2025

Esta es la historia de una etapa de mi vida en la que, siendo médico jubilado, decidí embarcarme en la aventura más complicada de todas las que había acometido, que no fueron pocas.

Los motivos que me animaron a llevarla a cabo fueron:

—El tiempo disponible que ahora tenía más valor, pues en la fase laboral como cirujano todas las horas del día estaban ocupadas, incluso las del sueño.

—La libertad de poder elegir mis ocupaciones, una constante en mi vida que ahora se convertía en una obligación.

—Mi afición por navegar de altura desde que volví de las islas griegas, por las que estuve navegando en compañía de amigos durante los meses de julio y agosto durante diez años.

—No haber cumplido mi sueño de dar la vuelta al mundo en un velero.

Cuando acabé mi aventura, en junio de 2022, volví a mi casa de Granada con tal grado de agitación mental que lo único que recuerdo es que me pasaba las tardes escribiendo desordenadamente todo lo que había vivido desde que comenzó a fraguarse la idea en febrero de ese año hasta que llegué a las Azores, cuatro meses después.

Desde entonces, hasta hoy, he ido recopilando datos, ordenando escritos sueltos, dándole forma a mi periplo y hoy tengo el placer de haberlo terminado para poder mandárselo a la gente que me rodea y que seguro disfrutará leyéndolo. Mi agradecimiento a Miriam López Burgos por haberse molestado en corregir el texto y a los amigos que me han dedicado unas palabras en la introducción.

1

Al séptimo día descansó

Tras una vida intensa, habiendo ejercido como cirujano maxilofacial en Granada y llegada la hora de jubilarme a los 62 años, me tocaba decidir qué hacer en esta tercera fase, la última y más débil de mi vida.

Una mañana agradable, con la mente tranquila, me fui al Llano de la Perdiz, el gran parque de las colinas de Granada, y comencé a andar entre los pinos, abrí la puerta de la mente para que las ideas salieran a dar su paseo una tras otra y pensar en silencio lo que ocurría dentro de mi cabeza.

Al cabo de una hora, llegué a la conclusión de que iba a hacer lo mismo que había hecho en mi anterior etapa, pues era lo que siempre me había gustado y con lo que disfruté durante muchos años. Lógicamente, las condiciones físicas no eran las mismas, por lo que me tendría que conformar con lo que mi cuerpo diera de sí.

Siempre consideré que el trabajo era muy importante, pero el tiempo libre también, y el deporte llenaba la mayor parte de ese tiempo y, al tratarse de deportes de riesgo, las lesiones me acompañaron durante toda mi vida. Solo tuve una lesión durante mi trabajo y ocurrió operando a una niña de diez años de una malformación craneofacial.

Manejando un injerto óseo, me seccioné el tendón flexor del cuarto dedo de mi mano izquierda, terminé la operación y al día siguiente me operaron a mí. Se complicó el postoperatorio y estuve dos años sin poder trabajar ni hacer *windsurfing*, mi deporte favorito durante los veranos.

Durante ese período de reposo, tuve la oportunidad de leer el libro *El cazador de barcos*, de Justin Scott, el segundo más leído de temas marinos detrás de *Moby Dick*. Contaba la historia de un matrimonio americano, médico él, que con su velero zarparon de Nueva York rumbo a Londres y, en medio del Atlántico Norte, en una noche de tormenta, fueron abordados por un superpetrolero, el Leviathan, hundiéndose el barco y desapareciendo su mujer. Él fue rescatado y llevado a una clínica de Londres, donde se recuperó del accidente. Relataba el libro las peripecias que tuvo que hacer para hundir al coloso con un barco similar al que se hundió. Me encantó el libro y esa travesía quedó grabada en mi mente.

Mi mano se recuperó parcialmente, pero al no poder coger con fuerza la botavara de la tabla decidí comprarme un Esportina, pequeño velero polaco de 7 m de eslora, que estaba atracado en el puerto de Marina del Este en La Herradura, y de esta manera seguí navegando por la zona durante dos años.

El Macario, bahía de la Herradura. Los primeros tripulantes. Mi hijo Carlos.

Mi hijo Alberto.

Disfrutando de nuestro primer barco.

No se me olvidará el día que salimos a navegar por primera vez por la bahía de La Herradura con María José Salas, ejemplar madre de mis hijos Alberto y Carlos, en un día de calma total. Fue mi primer gran juguete.

Bahía de la Herradura.

Con él disfruté muchísimo, en compañía de buenos amigos de la infancia como Pepe Pulido y Teresa Pitto, Pepe Monsalve y María Jesús Álvarez de Cienfuegos, Luis Fernando Almagro y Corina Guerra, Joaquín Travesí, Falón Serrano, entre otros. Las mañanas las dedicábamos a nadar, correr o montar en bici y las tardes a navegar según el estado de la mar. Una mañana de poniente, fuerza 6, subimos con las bicis al Marchante, mítica ruta con un desnivel del 10 % y, una vez arriba, mientras descansábamos disfrutando de las maravillosas vistas de la bahía, le pregunté a mi amigo Paco Salas, gran navegante que, junto con su hermano, fue campeón de España en la clase de 470:

—Paco, ¿qué vela es la que más empuja al barco, la Génova o la mayor?

Cogió un palo, dibujó en el suelo un barco con su mástil, dos triángulos, y me dio una lección magistral sobre el trimado correcto de las velas.

Terminamos la ruta y bajamos a la playa a tomarnos las cañas de costumbre, y la playa estaba de fiesta con olas de dos metros que mantenían a los bañistas en los chiringuitos. Después de la siesta, seguía el poniente y, desde la terraza de mi apartamento, veía el puerto de Marina del Este en calma con las olas rompiendo detrás de la Punta de la Mona.

«Hoy no hay quien navegue», pensaba mientras me fumaba un cigarro recordando la lección que me dio Paco en lo alto del monte.

—Hay que saber navegar y tener valor para sacar el barco. —Y la cabeza seguía con sus movidas, produciéndome una especie de intranquilidad—: Algún día me encontraré en un mar así de sopetón sin quererlo y sin saber navegar. Siempre salimos con ventolina y cuando el mar está agitado, a los bares. Lo suyo sería aprender desde hoy.

Sin pensarlo más, me bajé al puerto y salí solo hacia el poniente, saqué un poco de Génova, el barco arribaba y no duré más de diez minutos. Me di la vuelta y me dirigí al puerto.

«¿Y tú pretendes comprar un barco grande y viajar con él?», pensaba mientras me dirigía al puerto. «Tengo que sacar ambas velas con dos rizos, para equilibrar la fuerza de empuje del viento y el barco navegará correctamente».

Media vuelta y otra vez hacia las olas, eran las 6 de la tarde y esta vez saqué ambas velas incompletas y navegué durante treinta minutos, manteniendo el rumbo.

Con dolor de garganta viré y me dirigí al puerto satisfecho, pero mi cabeza insistía:

«Si has navegado durante media hora bien, ¿soportaría el barco navegar con todo el velamen largando un poco las escotas?».

Media vuelta, rumbo de nuevo a las olas con todo el trapo, largando un poco ambas escotas, soporté los rociones, el Macario saltaba, pero el barco navegaba a rumbo, sin forzar la caña. Navegué hasta que se me pasó el dolor de garganta y, cuando se puso el sol, viré por avante y volví al puerto con un nivel de endorfinas tan alto que ni después de un maratón. Me había bautizado como marinero y el placer fue enorme, estaba deseando contárselo a mis hijos.

2

Nuestro primer viaje en barco

En el año 2000, fui al Salón Náutico de Barcelona y me compré un Beneteau Oceanis 39.3, que estrené por aguas de Almería con base en el puerto de Aguadulce, recorriendo el Cabo de Gata de cabo a rabo hasta que me lo traje a La Herradura, al puerto de Marina del Este, donde permanecí un año más. En julio del 2003, inicié mi primera gran travesía por el Mediterráneo a bordo del Capitán Veneno, haciendo realidad la primera parte del gran sueño de mi vida como navegante.

La tripulación de aquella penosa travesía con levante en contra hasta que llegamos a Baleares fue María Jesús, Pepe, su hijo Miguel y yo. El pobre crío lo pasó tan mal que no ha vuelto a embarcarse nunca más a pesar de ser un magnífico deportista y excelente estudiante.

La Herradura, Aguadulce, Cabo de Gata, Cabo Palos, Mar Menor, Alicante, Cabo de San Antonio, Formentera, Ibiza, Mallorca, Menorca y fin del trayecto en Mahón, donde lo sacamos en aquella marina seca que hay al final de la ría, donde descansó ese invierno del 2002. Era la primera etapa de navegación durante las vacaciones del verano y también la primera vez que el barco se quedaba solo, invernando hasta que llegara el mes de julio del año siguiente. La siguiente etapa, junto a un grupo de amigos, hicimos el cruce de Mahón a Cerdeña. Fue memorable tanto por las millas que recorrimos como por la tripulación que tuvo el valor de acompañarme.

Manolo Navarro, Pepe Monsalve, Pepe Pulido, José María Hidalgo y Joaquín Travesí, muy granadinos, buenos marineros y amantes del mar. Con ellos llevamos al Capitán Veneno hasta Corfú y de por sí fue una travesía digna de escribir un monográfico.

Cabo de Gata.

Todos los veranos siguientes me pasaba dos meses de vacaciones navegando por todo el Mediterráneo, islas griegas, descubriendo sitios bellísimos en un mar que te podía sorprender en cualquier momento y darte bastantes malos ratos. Desde el Adriático hacia el este, los vientos dominantes son del norte, el Bura en las costas italianas, croatas y griegas, y el Meltemi en toda Grecia. El viento norte se establece desde el mes de abril por el calentamiento del desierto de Argelia y Egipto, atrayendo a grandes masas de aire que van deprisa a rellenar el espacio dejado por las ascensiones del aire calentado por la arena. Así tenemos entre 20 y 25 nudos de viento durante todo el día, bajando un poco durante la noche. Los cabos que desde el casco subían por el mástil para mantener el aparejo tenso golpeaban durante la noche el aluminio, ofreciendo un concierto de percusión al que te acostumbrabas en algunos días.

Islas griegas. Mar Egeo.

Islas griegas. Santorini.

Afortunadamente, casi todas las islas griegas tienen hermosos refugios en la cara sur en los que el silencio nos dejaba disfrutar del maravilloso cielo estrellado, siendo la noche de San Lorenzo, el 11 de agosto, el colmo de la magia con un espectáculo sin igual de estrellas fugaces o perseidas. Por la mañana, el baño antes de desayunar en aguas cristalinas era un placer obligatorio para despertar e iniciar otro nuevo día inolvidable. Si bien en el Egeo el viento es constante, no así las olas porque las innumerables islas impiden que se formen, lo que le da a la navegación una estabilidad siempre que lleves el viento de través o por la aleta. El rumbo norte contra el mar se acompaña de ruido de la jarcia y pantocazos que el casco aguanta bien, pero las piernas lo acusan de noche con innumerables calambres debido a los isométricos de pie en la rueda y no beber lo suficiente durante la travesía. En líneas generales, nuestro rumbo era sureste, o sea, de través o de aleta. El Mediterráneo es traicionero y a veces te llevas el susto padre; en la costa norte de Sicilia nos sorprendió un chubasco y el mar se tornó blanco, el mástil dio en el agua y es la única vez que yo he visto 70 nudos en la pantalla, terrorífico. A las cuatro horas, vuelta a la calma.

Durante aquellos años de travesía por las islas griegas me acompañaron hasta cincuenta amigos que se iban embarcando escalonadamente, pasaban una semana a bordo y cedían sus camarotes al grupo siguiente. Manolo Navarro y Pepe Monsalve vinieron muchas veces y todavía en nuestras comidas periódicas, a la segunda cerveza, estamos hablando del Capitán Veneno.

Con Carlos Pascual, el boticario más alto del mundo, acompañado de su mujer Faustina Rico, sus hijos Adolfo, Manrique y sus muy variados primos, vimos las Olimpiadas de Atenas desde

el Pireo, nos increpó la Armada Griega por navegar indebida-
mente por las zonas de seguridad para ver el Queen Elizabeth,
pero gracias al diálogo con los oficiales, nos permitieron seguir
navegando tranquilamente al comprobar que a bordo navegaba
la cúpula de Cetursa al frente del legendario Ignacio Valenzuela
y su mujer Carolina. Ese año estuvo repleto de anécdotas que
pueden ser objeto de otra publicación.

Mi hermana María Luisa, junto a mi amigo José María Díaz
Torres, gran cirujano plástico tristemente desaparecido hace
unos años, venían siempre en la última semana del verano y me
ayudaban a preparar el barco para el invernaje.

Mis hermanos Juan Pedro y José María con sus mujeres
Presen y Mari Carmen disfrutaron de las islas de Croacia en una
semana con un mar increíble. Otro verano llegamos hasta Rodas

con una tripulación de lujo: mis sobrinos Luis y Álvaro, mis hijos Alberto y Carlos.

Pues bien, después de ocho años navegando por este Mediterráneo, decidí volver con el barco a España acompañado desde Palermo por Pepe Pulido y Falón Serrano, otro gran navegante tristemente desaparecido, para hacer la segunda parte del proyecto que había grabado en la videocámara unos días antes de zarpar: «Mañana nos embarcamos rumbo a Baleares desde Aguadulce, julio del 2002, con la idea de asistir a la Olimpiada de Atenas, en agosto del 2004, y continuar el viaje durante los veranos sucesivos por las islas griegas. Si una vez que acabemos esta primera fase del proyecto el balance es positivo, volveré a España, venderé el barco, alquilaré la clínica a los profesionales jóvenes que colaboran conmigo, venderé un ático estupendo que compré como inversión e iniciaré la vuelta al mundo con un barco nuevo de 55 o 60 pies, durante otros diez años».

Con esta idea en la cabeza, en el 2009 volvimos de nuevo desde Denia a Aguadulce con María Luisa y otro gran médico compañero mío, Juan Andrés Rodríguez, admirable personaje del que aprendí técnicas quirúrgicas y de navegación, pues en aquella travesía nos enseñó a manejar el astrolabio, dispositivo que nos permitía posicionarnos con la observación de las estrellas.

Puse a la venta el Capitán Veneno a los 9 años de su compra y, a los pocos meses, unos gallegos vinieron a verlo y tras una meticulosa inspección a las entrañas del Veneno, me llamaron y me dijeron:

—Oye, Alberto, en el barco hay un poco de aceite en la parte de la bocina, tendremos que desmontarla cuando lleguemos a

Pontevedra y esto nos costará más de 10 000 euros, habría que descontarlo del precio acordado. Eran gallegos, sabían de barcos, yo era andaluz y conocía mi barco, por lo que les contesté:

—Si eso es así, lo arreglaré aquí y se lo venderé al próximo comprador 10 000 euros más caro de lo acordado con vosotros.

Sin más que hablar y tras diez minutos chamullando entre ellos en gallego, sacaron los billetes de un sobre, los conté, firmamos un contrato privado de compraventa, les di la documentación del barco, lo miré por última vez y me fui hacia el coche con mucha tristeza al hacer un repaso rápido de los muchísimos buenos ratos que había pasado a bordo del 39.3, arranqué mi coche y me fui alejando del puerto mirando hacia delante y poco a poco la tristeza se fue transformando en alegría cuando apareció el futuro: barco nuevo, nuevas ilusiones, un gran proyecto por realizar. Puse música fuerte y me volví a Granada contento del trato realizado.

En enero del 2009, y con el dinerito en efectivo a buen recaudo, puse en venta el lujoso ático y comencé a darle forma al proyecto de mi jubilación activa que se me presentaba de forma radiante. Estaba feliz y desbordado de entusiasmo, me pasaba horas haciendo planes, buscando barcos grandes, carísimos, y con la duda de comprarlo de segunda mano, pues la depreciación de la compra a los 50 años pesa bastante más que cuando compré el Veneno a los 40. Tenía a mi favor el hecho de que la crisis del 2008 había arruinado desafortunadamente a muchos constructores con buenos barcos y muy pocas horas de navegación. Era el momento adecuado, no tenía prisa y podría organizar bien el funcionamiento de la clínica, vender el pisito a buen precio y buscar el barco adecuado en el sur y levante de nuestra costa.

3

La fuerza del destino

Pero siempre ocurre lo mismo: ¡el hombre propone y Dios dispone!

Los proyectos se fraguan en el cerebro y se hacen realidad delante de nuestros ojos, unas veces bien y otras no tanto. Los cirujanos que tenía preparados para que continuaran mi trabajo se trasladaron unos a Almería y otros a Málaga, pues nuestro servicio de la S. S. no era el más adecuado para gente inteligente, sí para gente obediente. Hoy estos tres cirujanos están muy bien situados, son felices con lo que hacen y no pude organizar el tema de mi clínica como hubiera deseado.

Yo seguía con mis otras actividades que iban cambiando según la época del año.

En abril del 2009, en una ruta de *trail* con mi estupenda KTM 990, tuve un percance produciéndome una fractura de peroné, hueso que todos los médicos lo conocemos como secundario, ya que la tibia es el que soporta toda la carga, de ahí su gran diferencia de volumen y resistencia. Me operaron sobre la marcha, media hora de cirugía limpia y fácil con un resultado muy satisfactorio. Pasé los primeros diez días sin ningún tipo de problema recordando aquella aventura de moto y navegación con mi amigo Chimi (Alejandro Correal), magnífico *rider* que me enseñó la técnica de conducción en una ruta que hicimos desde Granada a Aguadulce, todo por veredas, desde mi casa subiendo el Genil,

29

Cenes de la Vega, Dúdar, La Peza, Guadix y toda la cuenca del río Nacimiento hasta el puerto de Aguadulce. Nos embarcamos y pasamos la noche fondeados en los Genoveses. Al día siguiente volvimos con una tormenta de agua que nunca olvidaré.

Duatlón moto - vela.

Ruta de trail Granada - Aguadulce.

Volviendo a la realidad, todo iba muy bien y yo seguía trabajando con mis muletas como si aquí no ocurriera nada. Pero mira por dónde comencé a notar una sensación de picor hasta entonces desconocida por mí a nivel de la herida operatoria, sensación que fue aumentando de intensidad hasta convertirse en un dolor insoportable. Ingresé con carácter de urgencia en el hospital con una infección importante. Me operaron, limpiaron la zona de la osteosíntesis sin retirar la placa que mantenía los fragmentos óseos en su posición, hasta la formación del callo óseo en el foco de fractura. ¿Qué significaba esto a nivel personal? Pues que me pasé los meses de julio, agosto y septiembre en Granada yendo y viniendo al hospital a diario para que me inyectaran antibióticos en el suero, un calvario. Tuve la suerte de que, desgraciadamente, a mi madre le dio un infarto estando en la playa y, cuando mejoró de su estancia hospitalaria, se vino a mi casa, pues mi padre había muerto el año anterior y la disfruté durante nuestra convalecencia mutua. Fueron unos meses duros, aliviados con su presencia que alegró mi casa como nunca antes lo había estado. Me contó múltiples historias familiares que antes no había tenido la paciencia de oír por mi tendencia natural a salir corriendo porque había quedado con alguien para cualquier cosa.

En octubre me retiraron por fin la placa, pues ya había soldado el hueso y comencé a andar, malandar sin muletas, pues el pie se había deformado en valgo por haber iniciado la carga antes de tiempo. Como en otras ocasiones, pues los postoperatorios siempre los he llevado no mal, fatal. Al poco tiempo trasladamos a mi madre a su casa en contra de su voluntad, pero yo no quería que muriera en la mía por esas cosas de los sentimientos, no podría entrar más al cuarto donde pasó una temporada conmigo, con su terraza a la calle desde la que me observaba y esperaba a la hora de comer. Fue muy feliz allí y yo lo sabía, se fue a regañadientes y al poco tiempo murió en su casa rodeada de todos sus hijos. Perderla fue un gran golpe y marcha atrás en el estado de ánimo.

Pasó el invierno del 2009 con más pena que gloria, recuperando la movilidad del tobillo, andando, trabajando y en la piscina, pero el piso no se vendía, la crisis del 2008 acababa de aparecer en escena y yo resurgía de las tinieblas. La primavera me iba animando y en abril tuve la brillante idea de ir al picadero de mi buen amigo Miguel a montar a caballo, ya que en bici no me atrevía y el caballo me pasearía, pensé: «¡Hombre, Alberto, cuánto tiempo, ¿cómo estás?». Abrazos efusivos por volverme a ver y manifestaciones de alegría por mi recuperación:

—Niño, ensilla a Fulanito, que lleva unos días sin salir de la cuadra.

Un caballo de tres años entero al que tuve que cepillar durante un buen rato, pues acababa de salir de su cuadra bastante sucio.

Dimos unas vueltas muy tranquilo al paso; yo iba inseguro después de un año sin montar y maltrecho. El potro lo notó y de pronto dio un tranco con las manos a la izquierda, rápidamente a la derecha, y fui de cabeza al suelo, cayendo con mi hombro izquierdo directamente a la arena. Noté el tremendo golpe en el suelo y sonó a roto. No me podía levantar del tremendo dolor, me ayudaron a subir a un coche. Al poco tiempo estaba de nuevo en el hospital, justo un año después del peroné, y esta vez le dije al conductor:

—A Trauma no, están contaminados los conductos del aire.

De esto me enteré durante el fatídico verano anterior, pues mientras me administraban mi dosis de ATBs, acudiendo a diario al hospital, cascaba con todo quisqui y una supervisora de quiró-fanos me lo cotilleó. Ahí me enteré de que Neurocirugía tenía el índice más alto de infecciones quirúrgicas dentro del quirófano. ¿Sería por eso por lo que el enano diabólico tenía los quirófanos a 15 °C? Le seguía Trauma y luego los Plásticos y nosotros, los Máxilos. La cara está muy vascularizada, pero también teníamos infecciones en el quirófano.

No volví a operarme en mi hospital y aumentó mi ani-madversión por aquel edificio en el que tan malos momentos había pasado por mi carácter indómito al verme inmerso en un sistema jerárquico en el que el jefe del servicio se suponía que era el dueño y señor, respaldado por la administración, politizada.

Empezaron los problemas.

Pues bien, me operé en la Inmaculada, en contra de las opi-niones que me hubieran sugerido lo contrario, de haber tenido visitas de amigos, pero no di lugar a ello, pues solo se lo dije a mis hijos y me operaron al día siguiente.

Tenía el hombro destrozado y mi colega me explicó que iba a hacer una chapuza a ver lo que conseguía, pues las imágenes eran de risa, múltiples fragmentos en toda la parte proximal del húmero izquierdo, y le dije:

—Al taller y sea lo que Dios quiera.

Desde la primera vez que me hicieron una sedación anestési-ca, sentí el placer que supone el hecho de que te administren unos fármacos que inducen al sueño controlado por un profesional y pasar de unos momentos de nerviosismo previos a un despertar súper agradable junto a una amable enfermera, en el mejor de los casos. No describiré otros, los menos en los que el anestesista no consigue el objetivo deseado y notas como te trastea el cirujano un hueso roto, lo que no es ni mucho menos agradable. Pero en la mayor parte de los casos, los fármacos narcóticos producen un estado de bienestar que convierten unas horas de cirugía en unos sueños muy agradables.

Pues bien, el despertar de esta operación de hombro en una sala silenciosa y bien atendido por delicados profesionales de enfermería, fue placentero al principio, dado que te encuentras bajo los efectos de una serie de drogas que mantienen a tu cerebro relajado, adquiriendo lentamente un estado de consciencia en el que vas recordando todo lo pasado y te sitúas en la realidad:

—Ya está operado Dr. Jiménez, todo ha ido muy bien. Las neuronas comienzan a procesar la realidad, me ha tirado un caballo y me ha destrozado un hombro, me trajeron al hospital y me llevaron al quirófano con todas las radiografías colgadas en el negatoscopio en el que de lejos podía ver el galimatías de huesos desparramados dentro de mis tejidos. Ahora vendrán unos días en la clínica recuperándome de la intervención, las incomodidades de la comida, del baño, las visitas, las explicaciones de lo desafortunado que soy, etcétera, y después a tu casa.

Me ahorro todo el proceso de rehabilitación que, aunque agradable por los fisios que me atendieron, globalmente fue desastroso, pues como siempre todo se fue complicando, los tornillos, ocho, se fueron aflojando, unos retirados, otros también, y al final todos, placa incluida, y hubo que colocar un injerto de hueso de cadera, pues varios fragmentos se necrosaron y hubo que aportar material autólogo. Resultado: pseudoartrosis de hombro, acortamiento del brazo izquierdo y limitación dolorosa de la movilidad del MSI. Tres años en rehabilitación, nada de deportes salvo natación para discapacitados, brazo derecho por fuera e izquierdo subacuático.

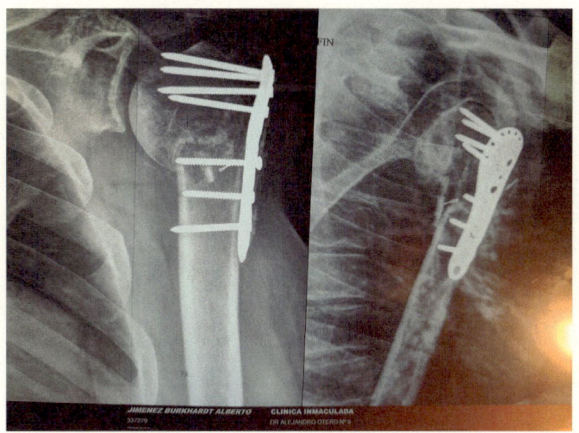

Fractura de hombro izquierdo.

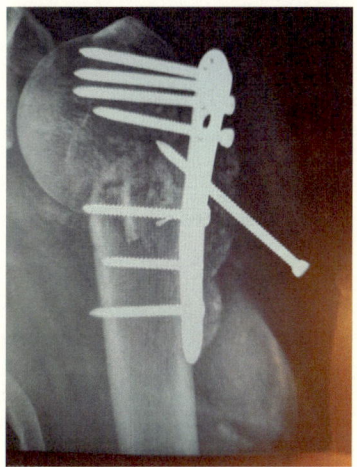

Tornillo suelto en el hombro izquierdo.

Los ocho años siguientes fueron muy tristes, pues la depresión mental fue superior a la de la rotura del tendón del cuarto dedo de la mano izquierda, por el corte con un escoplo.

Mi clínica, testigo de tantas calamidades.

Solamente podía nadar y andar, trabajar en malas condiciones con un solo brazo y de forma ilegal, por lo que los resultados fueron muy mediocres. La clínica se resintió y tuve que aportar dos planes de pensiones para subsistir. Vendí dos apartamentos de Plaza Nueva y el de la Sierra, pues pensé que ya no esquiaría nunca más. En medio de esta caótica situación me jubilé de la S. S. dos años antes de lo normal y a los pocos años cerré la clínica, aprovechando la lesión que tuvo mi hijo Carlos esquiando también. Un calvario para él, ya que es tan nervioso como yo y su lesión vertebral, muy cerca de haber sido una lesión medular grave, de la que prefiero no acordarme. Tal para cual, sumamos dos episodios parecidos, pero trabajó mucho la rehabilitación y superó la fase dolorosa de la que actualmente se resiente esporádicamente. Por si fuera poco, a los pocos días de mi jubilación, estaba una mañana en la piscina de nuestra antigua Neptuno, entrenando en nuestro club de máster, cuando sucedió un imprevisto. Estábamos en un descanso entre series cuando noté una sensación de anestesia en el brazo izquierdo. Iba a salir y me costaba trabajo apoyar el pie del mismo lado. Cojeando me fui al vestuario y me vestí con dificultad. Al llegar a la Clínica Inmaculada le dije a la recepcionista:

—Pásame ya, que tengo algo en la cabeza.

La colega que me vio activó el «código ictus» y se confirmó un ACV en el hemisferio derecho. Gracias al buen hacer de mis colegas estaba en cuatro días en mi casa sin secuelas.

4

No hay mal que cien años dure

Afortunadamente el tiempo pasa y todo va cambiando. Las lesiones van mejorando, el cuerpo se va adaptando, las neuronas se regeneran y donde hacía unos meses había tinieblas, dudas, miedos y falta de confianza, comienza a clarear. Aparecen nuevas ideas, ilusiones y el ego se normaliza. La idea de comprar un gran barco y dar la vuelta al mundo se disipó y el nuevo escenario era de pura supervivencia, jubilación y darle continuidad a la clínica. Todo cambió y pasó a llamarse Clínica Neptuno, pero tampoco hubo suerte ya que apareció el maldito COVID y aquel proyecto duró poco tiempo.

La fortuna nos sonrió al aparecer el Dr. Eduardo Augustín, joven cirujano que se hizo cargo del local, hizo un profundo cambio y hoy es una magnífica clínica en la que un grupo de jóvenes especialistas realizan todo tipo de intervenciones en la cara y boca con técnicas vanguardistas y resultados sorprendentes. ¡¡¡Enhorabuena!!!

Comencé a esquiar con toda la precaución del mundo y la ayuda de una estupenda profesora de la Escuela Española de Esquí, Patricia Rodríguez, que me devolvió la confianza en mí al ver que lo que se aprende de joven no se olvida nunca y bajé de la sierra con la cabeza llena de sensaciones triunfalistas, de manera que mi vida de jubilado comenzó a tener el sentido que yo esperaba. Una jubilación activa en la que la tercera fase de la vida fuera productiva dentro de las posibilidades físicas y mentales, disfrutando de todo lo que había aprendido durante los últimos 65 años.

Tan bien me encontraba que decidí comprar un barco a medias con mi sobrino Álvaro Serrano, que tantas travesías había hecho con nosotros a bordo del Capitán Veneno.

En marzo del 2021, comenzamos a ver barcos de segunda mano por diversos puertos del sur, queríamos un 40 pies, parecido al Oceanis, y durante un mes recorrimos varios puertos y todos eran de más de 10 años, encontrando uno en Fuengirola en buen estado, y cuando quedé en ir a verlo por segunda vez para comenzar a cerrar el trato, el joven empresario motrileño me dijo:

—No busques más, ya lo tengo.

Me pasó las fotos de un Beneteau 40.1 nuevo, envuelto en plástico, encima de un camión, que estaba en Port Balís, al norte de Barcelona. Parecía un barco de juguete preparado para echarlo en una bañera y jugar con él.

Aquí se paró el reloj de la imaginación, de los planes programados en la mente, de los sueños, transformándose todos en nuevos planes, nuevos sueños, pero todo muy rápido porque de pronto la película en blanco y negro tomó color.

¿Y ahora qué? Hacía nueve años que había vendido mi barco y había salido con algún velero por la costa de Motril con mi amigo José Enrique, después de muchos años sin coger una rueda.

Esos días pasaron muy rápidos y el mes de abril fue decisivo, estaban arbolando el barco y había que decidir el modo de transportarlo hasta Motril:

—¿Tú lo traerías? —me dijo Álvaro.

—Pues claro —le respondí.

Y a partir de ahí los sueños empezaron a hervir, cuándo iríamos, con quién, descargar *app* de Meteo, planificar, etcétera. Sondeé mi tripulación de clásicos, Pepe Monsalve, Pulido, Manolo Navarro, y no estaban disponibles. Bajé el listón de edad y conseguí que se enrolaran con mucha ilusión Javier Cuesta, Juan Tercedor y Rafa Marín.

La primera semana de julio tomamos un avión a Barcelona a las 10:00, a las 11:30 cogimos un taxi que nos llevó a Port Balís y al poco rato encontramos a Manuel, el comercial que nos llevó al pantalán donde estaba amarrado un maravilloso barco blanco con grandes toldos azules, impecable y llamado Barcly. La sensación fue similar, si no mejor, a la que me llevé cuando vi por primera vez el Capitán Veneno en Aguadulce, aquella vez con mi hijo Carlos. Los dos tumbados en el camarote de proa mirando al camarote de popa que estaba muy lejos, se estaba haciendo realidad uno de los mejores deseos de mi vida.

El Barcly en Port Balís, Cataluña.

En Port Balís pasamos toda la tarde, yo aprendiendo con Manuel el funcionamiento del velero y la tripu de compras por el puerto. Cenamos en un chiringuito de Port Balís y al tercer día zarpamos a las 10:00 h tras repostar diésel. Al salir por la bocana con fuerza 4 comenzaron las hostilidades:

—Larga todo el trapo —me decía Juan, experto en vela ligera.

Yo soy muy conservador a la hora de izar velas, pues hasta que no me familiarizo con los vientos de la zona y en este caso con el barco, no me gusta llevarlas a tope de palo. Al cabo de una hora íbamos con todo el velamen y a 8-9 nudos toda la tarde, pasamos Barcelona y a las 20:00 h estábamos atracando en Sitges, después de un día lleno de buenas sensaciones, pues mi yo marinero se iba adaptando a la navegación en un barco de vela de crucero, pero que con vientos de 20-30 nudos, con las velas bien trimadas, la escora era mínima y se dejaba llevar muy dócilmente, no como aquel potro de tres años que cuando notó a un jinete en su grupa inseguro, se lo quitó de encima sin pararse a pensar que iba a destrozar mi hombro y mi vida.

La travesía en su primera parte fue placentera, pero como no funcionaba el piloto automático y teníamos que turnarnos a la rueda, había que parar a dormir porque yo aún no me sentía seguro, con velas de noche y los cuatro, incluido yo, novatos y en una costa desconocida para todos, no ofrecía garantías. Resuelta la configuración del piloto en Alicante, los tres últimos días fueron de navegación continuada sin problemas, salvo los líos que nuestro pescador Javi tenía con sus artes de pesca, pues llevaba dos cañas en popa y de vez en cuando se le enredaban y hasta que conseguía emparejarlas de nuevo, teníamos espectáculo gratis. Gracias a su pericia, comimos todos los días pescado fresco que bien preparado en la estupenda cocina del Barcly, era un lujo que solamente se podía tener a bordo y ni el mejor restaurante podía igualarlo.

Durante el día yo iba aprendiendo la electrónica de los sistemas de navegación tan sofisticados que llevaba instalados, lo último en navegación deportiva. A Rafa le gustaba la aparatología y en cuanto me levantaba de la rueda se ponía él. Juan disfrutaba pilotando el barco y yo aprovechaba para dormir placenteramente en la bañera. Las tres noches fueron muy buenas también, por lo que llegamos a Motril en el tiempo calculado, siete días.

Luis en el Barcly.

Este primer contacto con el mar, después de años sin oler a sal, resultó sorprendente, pues iba recuperando buenas sensaciones, había vuelto a esquiar y a navegar, lo que me iba dando ánimos y mi imaginación comenzaba a ver posibilidades de ampliar mis expectativas lúdicas.

Me compré una bici eléctrica y volví a recorrer caminos que con la antigua era imposible. Únicamente la moto de campo era algo que no me planteé, pues parece que la sensatez acompaña a la edad, pero la bici suplía en parte el placer de recorrer carriles y me sentía feliz de nuevo.

Se iba cumpliendo lo que había planeado en el llano de la Perdiz aquella mañana tranquila en la que salí a dar un paseo a liberar las ideas que había en mi mente con el fin de planear cómo debería ser mi jubilación activa.

5

Más vale olvidar que vivir penando

Cuando me jubilé empecé a jugar al golf. Me costó y me adapté a este nuevo y dificilísimo deporte con el hándicap de mi pseudoartrósico hombro izquierdo, lo que me impedía realizar el *swing* con fluidez. Bien que mal le cogí el aire, llevo varios años y no se da mal, aunque no me apasiona.

Campo de golf de Las Gabias, Granada

Al contar el número de golpes que iba dando en cada hoyo, la memoria me fallaba y alguien en algún momento, de broma, insinuó que hacía trampas.

Decidí que tenía que hacer algo para no perder más memoria, pues me molestaba la idea de que los otros jugadores dudasen de mi palabra al ver que no acertaba ni una vez en el número de golpes que tenían que apuntar en la tarjeta. Uno de mis colegas compañero de juego me recomendó que hiciera sudokus, cosa que detestaba por lo aburrido que aquello me resultaba, pero era tal mi cabezonería que me puse, aprendí y llegué a manejarlo con soltura, aunque la memoria seguía sin despertar.

«En nuestro cerebro hay una gran cantidad de neuronas sanas sin utilizarse, dicen que 85 mil millones y pesan 1200 gramos. Si hago algo importante e intenso que las estimule, es posible que recupere algo de memoria».

Esto está demostrado científicamente, pues los avances del diagnóstico por imagen en medicina han aportado tal cantidad de datos, que la función cerebral se conoce con mucha mayor precisión que hace unos años. Hay multitud de publicaciones neurocientíficas que así lo demuestran, pero, ¡ojo!, no esperes recuperar memoria al mes de hacer sudokus. Piensa lo que se tarda en hacer músculo en un gimnasio con ayuda de suplementos vitamínicos y toda la parafernalia que lo rodea. Un adolescente va creciendo y aumentando el volumen de sus tejidos e invierte varios años en acabar el desarrollo.

Visto que los sudokus no hacían milagros, comencé a jugar ajedrez *online* y esto sí me atrajo, pues el día es muy largo y hay tiempo para todo.

Bajo esta premisa y por azar me encontré en el puerto de Motril con Víctor Suárez, personaje de interés que en su día fue mi profe y con el que obtuve el título de Patrón de Yate, suficiente para lo que había navegado durante mi vida laboral.

Me dijo:

—Alberto, ¿por qué no te presentas a Capitán de Yate, ahora que es más fácil?

Siempre tuve la idea de que sacar ese título, el más alto de la navegación deportiva, era francamente difícil, pues las matemáticas no se me dieron bien nunca. La navegación astronómica transoceánica no me hacía falta para cubrir mis objetivos marineros y no me apetecía volver a estudiar y mucho menos examinarme una vez más. No me gustaba el estudio, los profesores, los exámenes, pero sí el deporte, las aventuras y los amigos. Solamente durante la carrera de Medicina habíamos tenido los siguientes: seis cursos con cinco asignaturas cuatrimestrales por curso = 60 exámenes. El MIR, el de fin de la especialidad, el concurso-oposición a la plaza de Granada = 63. Un calvario.

Pero me suele ocurrir que cuando recibo una idea de calado, mi subconsciente comienza a trabajar sin que yo lo aprecie, pero de pronto salta la chispa dentro de mi cabeza y de vuelta a Granada empecé a cavilar: reto, dificultad, trabajo, objetivo casi imposible, y el resultado fue el de siempre:

—Víctor, ¿cuándo empezamos?

Era el 17 de septiembre y las clases *online* habían empezado el 15, de forma que, a la siguiente, el martes 22 estaba conectado en mi primera clase de dos horas sin saber nada de lo que vendría por delante. Éramos tres alumnos: Vicente Luna, que había empezado en junio; Evita, una deliciosa joven de 25 años, ingeniero de caminos, novia de Víctor; y yo. Los cuatro delante de una pantalla y Víctor empezó a hablar de la esfera celeste. El examen era el 21 de noviembre, dos meses después, y comencé a estudiar los apuntes que iban pasando por el PC, despacio y con cautela, pues recordaba estas asignaturas como muy complicadas para mí. Mi grado de ignorancia ante lo que leía era total y la incomprensión absoluta. El nivel de estrés fue aumentando con los días, apareció el insomnio de los años de carrera y lo que hoy los psicólogos llaman TOC. La obsesión se apoderó de mi mente y llegó un momento en el que descubrí que había arrastrado toda mi vida un TDAH, trastorno de déficit de atención e hiperactividad, y leí que era un trastorno frecuente en adolescentes y a los niños diagnosticados los trataban con anfetas. Nunca he podido leer tranquilo un libro salvo unos pocos que me han interesado bastante. La mayor parte de los que empecé, los dejé porque mi imaginación se iba de paseo y no lograba concentrarme. La carrera de Medicina la hice a base de anfetas y noches sin dormir durante los tres últimos años de los seis que duraba la carrera. Los tres primeros los dediqué a disfrutar de lo que la vida universitaria ofrecía: risas, viajes, deportes, fiestas, todo menos estar una mañana en una clase oyendo lo que decía un señor delante de una pizarra. Cuando acabé la carrera, mis compañeros de promoción no me conocían hasta que celebramos la cena de fin de carrera en el hotel Alhambra Palace, lugar que sí conocía de las bodas.

Rápidamente conseguí unas cápsulas y llegué a estudiar hasta diez horas seguidas. El método que utilizaba Víctor era eminentemente práctico y consistía en aprenderse de memoria cinco o seis fórmulas con las que se podían resolver todos los problemas de navegación. Además de los cálculos de navegación, teníamos la teoría de la navegación, meteorología e inglés marítimo. Estas últimas eran casi todo de memoria y ello me animó a seguir. Tenía toda la vida por delante y dábamos dos horas, los miércoles de 20:00 a 22:00. El resto del tiempo era para estudiar. Me ayudó mucho mi amigo Vicente Bustos y Alicia Botella, su mujer, que era una experta en ingeniería informática. Ella me daba apuntes, libros y todo el material que yo quería, de manera que mi despacho era una academia completa para un solo alumno: yo.

Pasaron los días y el asunto se fue complicando, cada vez un poquito más, los problemillas se iban alargando, la teoría no tenía fin, el inglés marítimo no se parecía en nada al que chapurreaba y la meteo hablaba de todo menos del anticiclón de las Azores. Comencé a tener insomnio, me levantaba por la noche, y mi carácter se nubló.

Cuántos recuerdos de tres años de carrera en ese plan, pero aquello tenía un objetivo, ser médico, pero esto lo estaba haciendo para recuperar neuronas dormidas. Una sandez, por lo que unos días antes del examen, mi cabeza estalló y dijo:

—¡Basta!, hasta aquí hemos llegado. ¿Cómo voy a recuperar memoria en dos meses?

Cerré los libros, recogí las calculadoras, guardé los apuntes y me fui a nadar a la piscina, tranquilo, y volví a mi casa sosegado y recompuesto. La natación sin competir ha sido mi método de meditación durante toda mi vida. Después de nadar 1500 m el problema que tenía al comenzar está resuelto al terminar. El ritmo del deporte, la respiración y la concentración hacen que el cerebro trabaje de tal manera que cuando acabas la sesión, todo ha cambiado. Cuando llegué a mi casa, decidí seguir estudiando sin agobio, despacio, y acudir al examen a ver de qué se trataba. En marzo había otra convocatoria y en esa lo aprobaría.

El día señalado me fui a Murcia y me quedé asombrado al ver la cantidad de gente que iba al examen. Hay muchos jóvenes que viven de la navegación deportiva en España y eso es bueno. Tres horas de examen muy tranquilo y a las 13:00 h entregué los papeles, cogí mi coche y volví a Granada.

A los diez días, ¡sorpresa!, había aprobado y ya era Capitán de Yate.

Haber superado ese reto significó que mi mente, al verse poseída por el título, decidió hacerse profesional, con lo que ya no había más titulaciones superiores en navegación deportiva.

Pues bien, el Capi, como me llaman cariñosamente mis amigos, jubilado, esquiando, nadando, *golfeando* y, como novedad, Capitán de Yate Profesional, retomó el sueño de navegar a tope, pero sin barco propio. Esto me hizo entrar en el mundo de los patrones profesionales dedicados al traslado de barcos deportivos en el Mediterráneo y el Atlántico.

Carnet de patrón, capitán y capitán profesional.

No era mala idea dedicar la tercera fase de mi vida a la navegación profesional y me introduje en un grupo de gente joven que se dedicaban al traslado de grandes yates como profesión única.

Mi guía en este nuevo camino fue mi amigo David Soria, Capitán de Yate Profesional (PPER) de los buenos, granadino de pro, que me introdujo en el mundillo de la navegación profesional. Con él hice un curso necesario para completar mi currículo y me ayudó en todo, hasta que volví de Azores. Después le acompañé a Cádiz a bordo de un barco que sirvió para cubrir una de las pruebas de la SAIL GP, que se retransmitió por TV.

Cualquier persona que quiera trabajar a bordo de un barco debe hacer unos cursos obligatorios de seguridad en el mar en el que te enseñan desde dar un punto a un herido hasta apagar un fuego a bordo o a permanecer en una balsa salvavidas los días que hagan falta. Luego cada cual seguirá haciendo cursos según su actividad. Mi último examen para ser Capitán Profesional y poder llevar cualquier tipo de barco deportivo por todas las zonas de navegación era uno cuyo temario eran los Decretos Ley publicados en el BOE sobre Legislación Marítima.

Libreta de inscripción marítima.

Ya reunía todos los requisitos para navegar con cualquier embarcación de recreo de hasta 24 m de eslora y me introduje en un grupo de capitanes a nivel nacional conectados por el móvil.

Cuando abrí el WhatsApp, diciéndome si quería hacer un traslado desde las Islas Vírgenes Británicas en el Caribe hasta Mallorca en abril, me quedé helado unos segundos y sin pensarlo más respondí:

—Sí.

Siguió una pregunta filtro: —¿Tienes experiencia en este tipo de travesías oceánicas?

No me quedó más remedio que responder que no, a lo que siguió la frase:

—Lo siento, entonces.

Tras un minuto mirando la sentencia añadí:

—Soy cirujano.

Silencio sepulcral en este chat y me acosté de mala gana. Al día siguiente cojo el móvil y me encuentro otro chat en el que decía:

—Hola, Alberto, me han dicho que me ponga en contacto contigo por lo del traslado.

Perplejo y dormido contesto:

—¿A qué te refieres?

—Estamos reuniendo al grupo de capitanes que traigan una flota de cinco barcos veleros desde el Caribe a Baleares.

Ese 22 de febrero del 2022, me había comprometido a cruzar el Atlántico en un catamarán de 45 pies, junto con otro grupo de barcos, a finales de abril. Desde ese momento mi imaginación se disparó y las ideas pasaban deprisa una detrás de otra. Física y anímicamente me encontraba muy bien y cada vez que veía algún reportaje sobre navegación a vela recordaba la aventura de Peter Hardyn, el médico protagonista de *El cazador de barcos*, que perdió a su mujer en aquella travesía; yo, en aquella época, seguía soltero.

6

El afán por aprender mantiene la mente activa

Aprobé C. de Y. en noviembre de 2021 y el PPER en febrero, con 70 años. Hice un curso, otro y otro, hasta que me metí en el mundo profesional de la navegación deportiva, logrando introducirme en un grupo de capitanes profesionales a nivel nacional, de donde los armadores se nutrían de los pilotos para manejar sus embarcaciones. Mi intención, después de ver por las noches cantidad de vídeos de navegación deportiva, era mover barcos por el Mediterráneo desde un puerto a otro por los motivos que fueran. Lo más apetecible era llevar grandes yates nuevos desde el astillero hasta el puerto que el propietario le tenía destinado.

En uno de los grupos de WhatsApp donde me había incorporado, estaban buscando capitanes para traer una flota de seis veleros desde el Caribe a Baleares, pues los barcos de empresas de alquiler de veleros vacacionales hacían la temporada de verano allí y, cuando acababa aquella, en abril, estos barcos con base en Porto Colom los traen navegando para seguir trabajando durante nuestro verano en Mallorca, donde la demanda sigue siendo de las mayores de los puertos europeos. De esta manera, los barcos de chárter trabajan diez meses al año y los dos restantes descansan para ser reparados, un mes en el Caribe cuando acaban la temporada a finales de marzo, antes de iniciar la gran travesía de vuelta a su puerto base por el Atlántico Norte, y otro mes a final de septiembre en Baleares, pues los usuarios los someten a un esfuerzo propio del que usa un barco alquilado y no repara en su deterioro.

Durante el mes de octubre, los barcos hacen el viaje de ida desde el Mediterráneo a Gibraltar, Canarias, Cabo Verde, Caribe, por el Atlántico Sur, aprovechando los alisios que en esa época soplan de este a oeste, y esa ruta es mucho más tranquila que la vuelta por la ruta del norte. En esos meses de otoño, los puertos en las islas Canarias se van llenando de barcos de vela que se preparan para zarpar en condiciones favorables, pues no hay ciclones en la ruta y es un espectáculo ver tantos barcos y marineros que se van enrolando en ellos para disfrutar de la aventura que supone atravesar el Atlántico en un viaje que dura unos 21 días relativamente tranquilos, muy diferentes a los que se viven en la vuelta por el norte, en la que yo me había comprometido dada mi condición de cirujano.

En el grupo de WhatsApp en el que se fueron incorporando nombres de personas que yo no conocía, se estaba formando la tripulación, todos patrones profesionales, que se encargaría de traer una flota de 5 barcos, dos catas de 45 pies y 3 monocascos de 37, 39 y 40.1 pies, desde las Islas Vírgenes Británicas, al sur de Puerto Rico en el Caribe, destino a Mallorca, con salida el 27 de abril desde Tórtola y llegada a Porto Colom el 7 de junio, con una parada de 2-3 días en las islas Azores para repostar agua, gasoil, víveres y un descanso al cuerpo, visita de la isla y sus bares, pues el ambiente marinero total permite a los que por allí pasan disfrutar de unos días de cervezas, risas y comidas en condiciones, barco amarrado y reparaciones que nunca faltan.

La empresa calculaba unos 35 días de travesía.

Para llegar a ser capitán de yate profesional había que hacer varios cursos, entre otros uno de gestión de chárter, y me apunté por indicación de mi profe náutico, Víctor, que no entendía bien por qué hacía yo estos movimientos y no paraba de darme buenos consejos:

—No hagas locuras —me decía en su taller, donde rehabilitaba coches históricos, una de sus muchas actividades—. Si quieres navegar, haz la ida desde Canarias al Caribe, son 21 días, pero con los alisios a favor, es una travesía tranquila y placentera. La vuelta por el Atlántico Norte es muy peligrosa, pues hay que subir hasta las Bermudas, latitud N. 32º 32', longitud -64º 65'W, y luego virar hacia el este en busca de las Azores, y en esas latitudes te encontrarás con las borrascas que vienen de Groenlandia, vientos huracanados y mar demasiado peligrosa para navegar en velero. Tanto es así que ya los veleros que hacen la temporada en el Caribe los traen embarcados en mercantes, bien amarrados, pues así no sufren daños. Traer un barco navegando por la ruta del norte implica roturas que a los armadores les cuesta dinero, y por eso eligen la seguridad para su flota. Se va imponiendo esta opción, pues cada vez son más los barcos que se embarcan en buques mercantes, y económicamente sale un poco más caro que asumir los costes de traerlos por el mar, salarios de tripulación, alimentos, diésel, roturas, etc.

Yo lo oía a él y a otros muchos que me decían lo mismo, lo cual me generaba muchas dudas, sobre todo cuando en mi casa por la noche me daban las tantas viendo reportajes en YouTube de locos del mar entre olas que saltaban por encima del barco. Como en La Herradura, pero en serio.

Pues bien, apareció en el chat un tal Pedro, que intervenía mucho y hacía alarde de mucha experiencia en grandes travesías y conocía bien todos los dispositivos electrónicos de navegación; parecía un tío enrollado con muchas ganas, por lo que digo, intervenía mucho. Luego apareció Rodri, algo más parco en sus intervenciones, que viajaba con su novia Sara y se lo tomarían como unas vacaciones, por lo que se irían al Caribe diez días antes para conocer Puerto Rico.

Al intervenir yo en temas de seguridad, como el botiquín de zona 1 transoceánico, debutó un colega, Alfredo, médico de atención primaria con sede en Ibiza y plaza en el Centro de Atención Primaria de Formentera, que coincidía conmigo en la importancia de completar un listado con todo lo necesario para completar 5 botiquines aptos para zona 1. Los barcos de chárter están pensados para hacer navegación costera y sus botiquines tienen tiritas, unas vendas, Betadine, tijeras y poco más, por lo que en el chat aparecieron sucesivos listados de medicamentos durante los dos meses previos a la partida, que sería el 26 de abril.

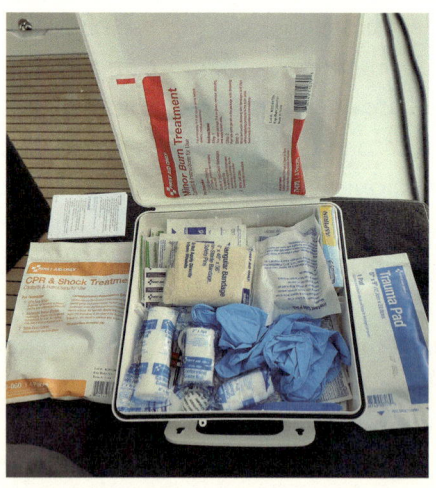

Botiquín de un barco de charter.

A continuación, se escribió sobre el tema de seguridad y previsiones meteo, debutando un portugués, Luis Serpa, que desde el primer momento se le notó una gran experiencia en navegación por todos los mares y se definió a sí mismo como marino procedente de la Marina Mercante y en el mundo del chárter durante 40 años. Me sorprendió una pequeña discusión en la que afirmó que él navegaba por el Atlántico con la única ayuda de un barómetro y la observación de los cirros, nubes altas, alargadas y extensas que indicaban, junto con la bajada del barómetro, la aproximación de una depresión. Recuerdo que escribí «como Colón» y respondió: «Ja, ja, ja, no hace falta mucho más para atravesar el Atlántico».

Me quedé perplejo y continuaron mis dudas. A esto Pedro, el joven capitán madrileño de origen, le argumentaba la conveniencia de llevar teléfonos satelitales, conectados a un servidor en tierra que le facilitaría el parte y lo que ocurría en los alrededores con diferentes modelos de *app.*, con el objeto de tener una idea lo más aproximada posible de lo que se nos venía encima. El viejo capitán portugués y teórico máster del grupo discutía con Pedro y los demás asistíamos a una clase de náutica democrática, término moderno que define el que cada uno opine lo que crea oportuno y si sabe algo del tema, que lo diga. Todos estaban de acuerdo con Pedro en que los avances en navegación transoceánica eran muy provechosos, pero el portugués no entraba en razón. Como digo, yo asistía a una clase de navegación que me entusiasmaba y a la vez me intranquilizaba. Durante dos meses solo tenía en la cabeza cosas del mar, tanto durante el día como de noche.

Segunda deducción: los barcos no llevaban dispositivos para la previsión de la meteo, pues como ya he dicho, eran de chárter y estos barcos llevan muchas camas, muchas neveras y el GPS B&G, como el BARCLY. Parecía obvio que habría que comprar o alquilar un teléfono satelital por el que mi amigo Manolo me mandara todas las noches las previsiones, como hacíamos en Grecia, con la pequeña diferencia de los miles de millas náuticas de la tierra más cercana de la que nos encontraríamos la mayor parte de la travesía. A pesar de lo que le gustaba mandarme los partes la noche anterior, pues de esa forma participaba de mi aventura, todos los días aprovechaba la ocasión para recordarme la locura que iba a hacer e intentaba convencerme de que no fuera. Seguían aumentando mis dudas. La inquietud iba creciendo y los comentarios de los amigos ayudaban a ello, pues yo no tenía más tema de conversación que la travesía y cada vez que hablaba con alguien del tema coincidía en que yo estaba mal de la cabeza, cosa cierta.

La vuelta por el norte es mucho más peligrosa que la ida, desde las Islas Vírgenes, Tórtola, la capital Road Town, 18° 42' N, 64° 62 W. Hay que subir frente a las costas de Puerto Rico, Bahamas, Bermudas, siempre rumbo N. E. hacia las Azores, (Punta Delgada, 37° 74' N, 25° 68' W.), unos 4000 km. Todas las borrascas se forman en el norte y desde Terranova descienden hacia las Azores, llegando desgastadas a las costas españolas.

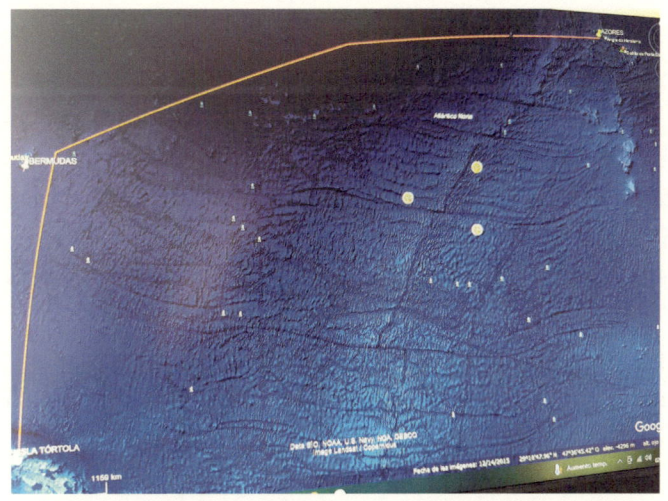

Ruta del Norte, Islas Vírgenes Británicas- Azores, 3.000 millas náuticas.

La corriente del golfo sigue el sentido de las agujas del reloj.

Esos dos meses fueron muy atípicos meteorológicamente hablando. No había nevado desde diciembre y en marzo y abril todos los días llovía y en la sierra no cabía más nieve. Por la noche, esas borrascas dormían conmigo y las olas gigantes, naufragios, reportajes en YouTube, etc., se convertían en pesadillas nocturnas. Ahora, cuando me desvelaba, era yo el que decía: «¿Qué necesidad tengo yo de estar tan inquieto…? Mañana me invento algo y me borro».

Al día siguiente, con los niveles de cortisol en sangre normalizados, añadía: «Eso es lo que me atrae de todo este lío, la intensidad de sensaciones, ideas contradictorias, conocimiento de gente nueva, locos por el mar, reto histórico en mi vida». Con estos argumentos trataba de justificarme para superar el miedo que sentía en mi interior, pero toda mi vida había estado llena de situaciones similares que eran las que me entusiasmaban.

7

Si realizas tus sueños, conocerás el poder tu mente

El Cazador de Barcos, aquel libro que el verano de 1980 cayó en mis manos durante unas vacaciones en La Herradura, fue tal el impacto que me causó que de eso habían pasado más de cuarenta años, pero la idea estaba despertando de lo más profundo de mi mente.

No sería el primero en hacer esta locura y no tenía que ocurrirme a mí la desgracia de desaparecer, pero si así fuera, ¿qué más da? Lo tengo todo hecho, no tengo nadie que me lo impida, no hay una mujer a la que dejar preocupada ni unos hijos menores, todo está en orden y ahora o nunca.

Pasaban los días como todos, «mañana a las 08:30 en la gasolinera para esquiar, hará buen día y poca gente en las pistas», me apuntaba el grupo de gente con los que esquiaba, subíamos, disfrutábamos del buen tiempo, comida en Prado Llano y a casa, hasta el día siguiente: «Mañana salimos a las 08:30 por el 1». Jornada de golf, algunas risas, días muy soleados, unas cañas en el club, a la casa, comidita solito y hasta mañana, bici, barco, etc. Todos los días algo diferente, pero todas las semanas iguales, menos la de Dolomitas, que fue diferente, pero tampoco el mayor espectáculo del mundo, pues mi cuerpo estaba en los Alpes, pero mi mente estaba en una borrasca…

Esquiando en Dolomitas.

Un día que bajaba de esquiar en Sierra Nevada tenía tal sensación de agobio que me fui a las urgencias de la clínica Inmaculada y al médico que me vio le conté la historia clínica de un dolor tras una caída. Yo tenía una lesión antigua en el supraespinoso, en el hombro derecho, que conocía bien pues me habían infiltrado en varias veces. La ecografía seguía dando la misma lesión. Salí con mi informe y mi cabestrillo por si me arrepentía tener una causa justificada.

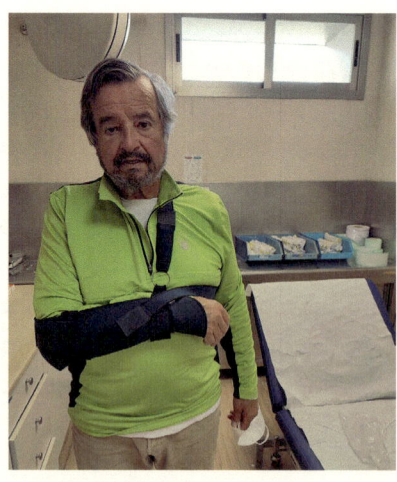

Rotura del supraespinoso.

66

Se iba acercando el día 25 y tenía que hacer una maleta muy cuidadosa, pues todos los vídeos insistían en la necesidad de llevar ropa de abrigo, pues las noches en la mar son frías, sobre todo cuando se navega hacia el norte.—Las Islas Vírgenes están a 18° 25' N, 64° 45' W.

—Bermudas están .a 32° 20' N, 64° 45' W.O sea, 14° más al norte, unas 1000 M. n.

—Punta Delgada, nuestro destino en Azores, 37° 44' N, 25° 40' W.

—Granada está a 37° 10' N. 3° 35' W.

1° de latitud en el meridiano = 60' de arco = 60 millas náuticas = 111,12 km.

Pasábamos del clima caribeño a otro más benigno, pero más frío, además de la posibilidad de tener borrascas que mojaran la ropa, por lo que había que seleccionar bien el equipaje. Es el viaje que más tiempo he tardado en hacer la maleta, que no debía pasar los 32 kg, llevando otra bolsa de mano en la que debían ir todos los aparatos electrónicos y se acabó. Este fue otro tema que se trilló en el chat y merece la pena detenerse en él, pues son varios los controles de varios países, incluidos los EE. UU., tan meticulosos y puñeteros.

El tema fundamental eran los aparatos electrónicos. No se podían facturar en la maleta, pues las baterías tienen que ser revisadas por la policía del control de todos los aeropuertos, unos más y otros menos meticulosos, pero todos las miraban, hasta las Duracell de las linternas, por supuesto las *power bank* y las de litio de los móviles satelitales, el PLB, Personal Locator Beacon, una radiobaliza personal del tamaño de un teléfono móvil que se coloca en el chaleco salvavidas durante las guardias y en caso de

naufragio se activa y manda una señal vía satélite con las coordenadas a una estación costera marítima situada en Inglaterra, donde
tienen los datos del dispositivo y activa el operativo de rescate.

GPS Garmin satelital.

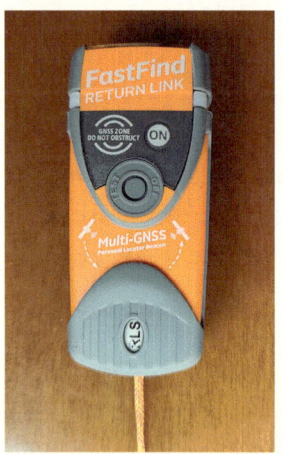

Radio baliza personal.

Todos los controles que pasamos hasta llegar a Tórtola transcurrieron sin problema y en todos nos hacían la misma pregunta:

—¿Y los billetes de vuelta?

Cuando respondíamos, nos miraban con cara de sorpresa evidentemente, pero teníamos que mostrar nuestro contrato de trabajo como *skipper*, que daba respuesta legal a la forma en la que volveríamos a Europa.

El tema de los móviles en EE. UU. no supone un problema de uso si dispones de *roaming* para llamadas a Europa, pero para usarlo allí necesitas una tarjeta SIM específica que la venden en cualquier tienda del ramo. El *power bank*, batería de 20.000 mAh, fue muy útil, así como un multi-USB para cargar los dispositivos en el barco a 12 V cuando navegamos a vela o a 220 V si vas a motor y el barco dispone de un convertidor.

No voy a detallar la ropa que hay que llevar, pero sí en la humedad, que es del 100 % a bordo.

Un saco de dormir que cierras con cremallera cuando subes a la guardia, fundamental. Las sábanas se humedecen el primer día y todavía seguirán igual durante toda la travesía, pues como siempre, los barcos de chárter no disponen de calefacción, por la misma razón que íbamos sin radar, pues los patrones que los alquilan no los utilizan o no saben ya que en las zonas de navegación donde alquilan estos barcos no son imprescindibles. En navegación costera, que es en la que se desenvuelven los barcos de alquiler, son obligatorios los chalecos salvavidas, el equipo de bengalas, aros y balsa salvavidas, el botiquín, radio VHF, y poco más, pero en la navegación transoceánica, zona 1 de los convenios internacionales, la seguridad es mucho más exigente: radar, AIS (Sistema de Identificación Automática), con el que se sabe la posición, el rumbo y la velocidad, entre otros muchos datos, del barco que aparece en nuestra pantalla, radio satelital, dispositivos de información meteorológica, balsas salvavidas que se activan en caso de naufragio y en cuyo interior hay un cuchillo, bengalas, alimentos y hasta 30 utensilios para garantizar la supervivencia de al menos 6 personas a la deriva en el mar, trajes de supervivencia especiales para aguantar en aguas frías durante el tiempo necesario hasta que llega el ángel de la guarda marino a rescatarte, etc. No es lo mismo navegar en una zona costera entre islas de vacaciones que trasladar un barco de un continente a otro permaneciendo en alta mar durante quince días sin tocar tierra.

Por supuesto que el traje de agua y las botas impermeables son fundamentales, pues aunque esta travesía se hace en mayo, que es más benigno, las borrascas con fuerza 8 no te las quita nadie y las olas de 4 metros inundan los barcos.

En aquel momento, el certificado COVID, vigente aún, el visado ESTA (Sistema Electrónico de Autorización de Viaje) siempre, pasaporte y un hotel de destino en EE. UU.

Es conveniente llevar algún libro de lectura, así como la música descargada previamente, pues estos veleros tampoco llevan wifi a bordo.

El teléfono satelital es fundamental, pues en nuestro caso fue la única manera de comunicarnos con los amigos y familia, amén de muchos datos, sobre todo la meteo en el punto que le indiques en el mapa. Puedes añadir los contactos que quieras, pero tienes que adiestrarlos con las aplicaciones que tienen que descargarse en su móvil para hacer un seguimiento de tu derrota.

Durante los dos meses previos a volar hacia el Caribe, todos nos conectábamos al grupo de WhatsApp y se fue conformando la tripulación que iría en los diferentes barcos. A mí me enrolaron en un catamarán de 45 pies, unos 15 m de eslora, con Luis

Serpa, el mayor de todos y el que más experiencia tenía, pues llevaba toda su vida en el mar, primero en la marina mercante y en los últimos años en la navegación deportiva. Los que lo conocían me animaron, pues gozaba de buen prestigio. Era unos años más joven que yo y el tercero era un chaval de 18 años, hijo de un amigo suyo portugués, también marinero. Me pareció poca tripulación, sobre todo en mi caso, pues mis rodillas de 71 y mis hombros igual, estaban muy limitadas y advertí que yo era medio hombre y a todos les pareció bien, es decir, ni caso. Esto aumentó mi preocupación, pues navegando siempre tienes que hacer fuerzas con brazos y piernas, subir y bajar y procurar no caerte o golpearte con algo. Otra duda que añadir al resto, mi lamentable estado físico. Consulté a mi traumatólogo y dijo que si me infiltraba plaquetas, que me podía ir, así lo hice y mis articulaciones respondieron.

El vuelo con Iberia Madrid, San Juan de Puerto Rico, costaba 2300 euros que yo no estaba dispuesto a pagar, pues por esa época había apalabrado un viaje en un 60 pies con los de A toda Vela desde Puerto Sherry a Valencia por 900 euros. Tenía que decidir cuál de los dos viajes haría y como los de Cádiz no daban señales de vida, tanteé al jefe de la flota diciéndole que era muy caro el billete y a los dos días me contestó que tenía un billete vía Atlanta por 465 euros y Atlanta-Puerto Rico lo estaba gestionando. Mientras no pagara mi vuelo iba a seguir con las dudas y temores, pero cuando me dijo que había cerrado mis vuelos y que no pagaría nada, y a partir de ahí, consciente de que ya no podía echarme atrás, parece que la mente lo agradeció y los últimos días fueron de una gran actividad, acabando de hacer los últimos preparativos.

El domingo 25 de abril cogí el AVE a Madrid a las 19:30 y a las 24:00 estaba acostándome en un hotel de Barajas.

8

Viajar nos hace tolerantes

A las 08:00 h estaba en el aeropuerto de Barajas con tiempo suficiente para no ir agobiado. Iba solo y tendría que fijarme bien en los rótulos, pues Barajas es grande y no puedes andar metros de más. Llegué al mostrador de DELTA, la compañía que nos llevaba a Atlanta y dos horas y media más tarde, a Puerto Rico. Primer incidente, no puedo facturar porque mi certificado COVID era del sábado 24 y no admiten con más de 24 h, el 25 era domingo. Total, que me tuve que ir al centro de vacunación del aeropuerto, que estaba a 15 minutos andando ligerito, otros 50 euros.

Volví al mostrador con el resultado en el móvil, facturé y me dirigí a la puerta de embarque. En el trayecto me acordé de la primera vez que desde este aeropuerto volé rumbo a Argelia con el grupo de Coros y Danzas de la Sección Femenina de Granada, con Baltasar Fábregas y Carlos Pascual entre otros, donde participaríamos en el Festival de Bailes Folclóricos del Mediterráneo representando a España. Creo que estudiaba 2º de Medicina, pero una ocasión así no se presentaba todos los días y las aulas siempre estarían allí. Desde los diez años, cuando me llevaron a nadar la travesía del puerto de Motril con el C. N. Neptuno, nos enrolábamos en cualquier cosa que nos permitiera viajar gratis. Todo un acierto.

*En Sierra Nevada con el R 8 de mi padre cargado
de esquís de madera. 1965*

Entrega de premios en la piscina Neptuno. 1966

Récord de España Máster.

Equipo de Rugby de la UGR. Campo de Fuente Nueva. 1970

Coros y danzas en Argelia. Balta, Charo y yo. 1969

Llegué a tiempo, pues salía con 1 h de retraso, tiempo que dediqué a intentar averiguar entre la clientela mis posibles compañeros. No identifiqué a ninguno, pero se pasó la hora rápido con las pesquisas y enviando mensajes a mis seguidores. Embarcamos a las 12:00 h y me tocó de compañero de asiento un ingeniero agrónomo de Sevilla que iba a EE. UU. a entrevistarse con una compañía y llevaba un programa de un sistema de riego basado en el uso bacteriológico para condensación de agua, similar al que usan los americanos para producir nieve artificial a temperaturas superiores a 0 °C, para trabajar en los Emiratos. Hablamos bastante y pasaron las horas. En un receso di una vuelta por el avión buscando tripulación y no sé cómo encontré a Pedro, el capitán joven, y a Alfredo, mi colega de atención primaria, y charlamos de todo un poco. Me dieron muy buena impresión y me comentaron que mis compañeros de tripulación, Luis Serpa y Alvarinho, el joven de 18 años hijo de un amigo de Luis, también navegante, los habían retenido en Lisboa por haber dado positivo en COVID y llegaría un día después.

Segundo control ya en EE. UU., estado de Atlanta, vuelta a sacar las baterías y a dar explicaciones de por qué no teníamos billetes de vuelta. Menos mal que esta gente del mar habla bien el inglés, pues se lo exigen las empresas de chárter. Pasamos el segundo nivel y nos encontramos con Manu, el hippie del mar que vive en un velero reconstruido por él en Tenerife y no usa zapatos, ¡qué envidia! Alvarinho, otro portugués muy simpático, propietario de una empresa de moda y aficionado al mar con su vivienda en Oporto. Ya estábamos 5 patrones para volar a Puerto Rico tras tres horas y treinta minutos de enlace. Control de aduanas e inmigración superadas, salimos del aeropuerto de San Juan a las 21:00 h, dispuestos a ir al hotel, darnos una ducha y salir a tomar ron.

En los días previos a la salida, los expertos recomendaron al grupo descargarse la *app.* de Uber para conseguir taxi de forma segura. Naturalmente, estas cosas no son así, tuvimos que tirar de maletas durante un buen rato, salir del recinto del aeropuerto y allí en un descampado había un boricua con una furgoneta que no movió un dedo para cargar las maletas, subimos y nos llevó a una zona extraña donde había una casa baja con cancela y candado y nadie por los alrededores a las 22:00 h. Entramos a la casa que en su día debió estar bien y que ahora la alquilaban los propietarios a bajo precio a grupos de 6-8 personas. De hotel con ducha en la habitación, res de res. Me tocó una cama de matrimonio enorme por deferencia de este grupo que demostró sensibilidad a mi edad. Algo rápido en un restaurante cercano con buenas nativas sirviendo y a dormir porque mañana hay que ir de nuevo al aeropuerto de San Juan a coger el último avión, el 3.° para ir a las BVI. Nuevo control de seguridad, paso por inmigración, pues viajamos a islas británicas, con protocolo diferente. Volamos en un avión pequeño de hélices, interinsular, en un vuelo agradable y bajo, sobre el mar sobrevolando las islas caribeñas y aterrizando por fin en la isla de Tórtola el 27 de abril. Nuevo control, explicaciones que ya son rutinarias para los polis y para nosotros. Se nota un ambiente optimista en el grupo, marineros jóvenes aventureros y cercano el fin del viaje de ida hasta el puerto base y por fin fuera. A localizar al taxista de Uber que llegó puntual, pero pinchó y tuvimos que hacer isla a través, cargar las maletas, viajecillo isleño con conductores caribeños y por fin llegamos a nuestra marina.

Aeropuerto de Puerto Rico.

78

9

Barco a la vista

Pasamos los pantalanes flotantes, ruido de maletas con ruedas sobre madera y, al final, allí estaban los dos Lagoon de 45 pies, aparentemente flamantes y una sensación de alegría contenida, pues ese sería nuestra casa durante las próximas semanas a través del Atlántico Norte, ufffff.

Estaban por allí Rodri, Sara, Manu y Jaime, a los que conocí en ese momento. Rodri y Sara eran pareja, habían estado en Puerto Rico de turismo y pensaban navegar juntos en este magnífico proyecto aventurero que era cruzar el Atlántico de oeste a este, la ruta más complicada, por el norte, aprovechando los contraalisios.

Manu era un personaje fuera de límites, el hippie del grupo, que lo primero que confesó era que no disponía de un euro, pero si queríamos invitarlo a una cerveza, la aceptaría; pero si no, no pasaba nada. Estuvo de gorra los días que estuvimos en tierra pertrechando la flota, que fueron seis, con lo cual le salió barata la estancia. Resultó ser un personaje muy entrañable y con un estilo de vida muy peculiar.

En tierra, iba a cenar de noche, al restaurante de turno, descalzo, como el resto del día. Navegaría en el Star of the Seas con Alvarinho, el simpático portugués con un negocio de ropas de moda, y serían compañeros de viaje en el monocasco Beneteau Oceanis 40.1 de doble rueda, igual que el Barcly. La travesía sería una prueba de fuego, pues eran dos personas muy distintas y tendrían la oportunidad de conocerse bien en un velero durante 15 días, con sus noches, sus guardias, sus incomodidades y situaciones límite que cada cual, todos patrones profesionales, podría gestionar de forma distinta.

Al día siguiente aparecieron Luis y Vasco, la tripulación que faltaba en mi barco. Luis era un hombre de 64 años, muy peculiar, rudo en su forma de hablar, se mostraba muy seguro de lo que decía, siempre de temas marineros, y en la primera reunión que tuvimos ese mismo día, preguntó a todos:

Luis y yo en el bar.

—¿Saben ustedes lo que son los *quads* Taum? —No recuerdo bien el término que utilizó, pero añadió—: Son pequeños ciclones de fuerza 8 que durante el día se detectan bien en el horizonte y por la noche en el radar, pero veo que este no tiene radar.

Y siguió un monólogo sobre qué hacer si nos encontrábamos uno, que se resumía en la necesidad de tomar uno o dos rizos rápidamente, lo cual había que practicarlo varias veces para poder gestionar el miniciclón sin peores consecuencias. Esta fue su tarjeta de presentación y el motivo de mi primera pesadilla esa noche:

«Si durante una guardia nocturna con mala mar, repentinamente aumenta la fuerza del viento, 20, 25, 30, 35, 40 kn, ¿sabré que estoy en un miniciclón de fuerza 8 y tengo que tomar uno o dos rizos? ¿Aguantarán mis hombros este titánico y repentino esfuerzo? Y mis rodillas, ¿me permitirán subir el escalón que accede para llegar al mástil en caso necesario?».

Mis pensamientos estaban dirigidos a las frases del traumatólogo que me vio antes de zarpar:

—Las articulaciones femoropatelar están soldadas, esto no hay quien lo arregle, vete pensando en la opción de una prótesis, un año y la otra después.

—¿Y de los hombros qué?

—Pues lo mismo.

—Piensa que estos tendones que se están rompiendo son como una cortina que poco a poco se va descolgando y el final será el mismo, otra prótesis.

Vale, esto dicho por el médico, mi mente respondía como siempre: «Mientras el cuerpo aguante, iré haciendo los ejercicios recomendados para fortalecer la musculatura compensatoria y procuraré no hiperflexionar las rodillas y no tirar del supraespinoso derecho». El izquierdo no me preocupaba nunca, estaban todos los ligamentos suturados con nylon del 0 al mazacote de la articulación del hombro y eso no se rompería nunca. Yo me autoconvencía de que mi paupérrimo estado de salud articular aguantaría varios años esquiando, montando en bici, jugando al golf y nadando como buenamente pudiera; y, cuando hubiera que operar, pues al taller, ea.

Durante los días siguientes, nos dedicamos a comprar víveres cada uno de su barco para tres tripulantes durante 15 días, que era el tiempo calculado en llegar a Horta, la isla más occidental de las Azores, parada obligada de todos los navegantes que a vela y durante el mes de abril y mayo atravesaban el Atlántico rumbo a Europa, procedentes tanto del Caribe como de toda la costa este de los EE. UU.

Los veleros que iban en noviembre, diciembre y enero desde las islas Canarias hacia el Caribe eran innumerables y aprovechaban estos meses que los alisios, vientos dominantes en esta latitud, soplaban con una intensidad y dirección constantes, lo que facilitaba la travesía a infinidad de barcos a vela que desde hace 522 años siguen la ruta que comenzó Cristóbal Colón desde Palos de la Frontera (37° 10'N).

Son muchos los barcos que en esta época del año se apelmazan en las islas Canarias (28° 16'N), de particulares que la hacen para disfrutar tanto de la travesía como de la estancia posterior en el archipiélago centroamericano durante un período de tiempo muy placentero, como de barcos de alquiler que son trasladados allí para continuar la temporada de navegación hasta el mes de marzo. La ruta empieza en Canarias, baja hacia el archipiélago de

Cabo Verde, (unos 17° N) bajando hasta los 10° aproximadamente, evitando las calmas ecuatoriales que son una trampa para la navegación a vela. Los vientos alisios que traen los barcos desde la bahía de Cádiz hasta la mitad del Atlántico van cambiando su rumbo hacia el Caribe describiendo una curva de unas 3800 Mn., por lo que suelen tardar 21 días aproximadamente en completar la travesía. Tanto los barcos de chárter como algunos particulares que aún hacen la travesía de vuelta navegando lo hacen en los meses de abril y mayo, dado que no hay ciclones en el Caribe y las borrascas que bajan desde el Atlántico Norte son más benignas que en el resto del año. Los contraalisios soplan en dirección NE y NW, lo que hace que los veleros puedan subir hasta la altura de Bermudas, unas 900 Mn. y 47° de latitud N.

Desde Bermudas, los contraalisios van rolando en dirección NE, lo que ayuda para poner rumbo a Horta, situada a unas 1.500 Mn. de Bermudas y a 38° de latitud N. Desde Azores, los diferentes veleros toman rumbo a su destino hasta el estrecho de Gibraltar y, en nuestro caso, a Baleares, donde tenía el puerto base la flotilla de chárter que íbamos a trasladar. La duración estimada de la travesía era de 35 días si todo iba bien.

Compramos verduras, patatas y fruta para consumirlas en la primera semana, pescado y carne congelados para hacer guisos de cuchara y latas de verduras, atún, sardinas, mejillones, berberechos, etc., botes de especias, café, sal, azúcar, etc., y leche adecuada para mantenerse a temperatura ambiente. Galones de agua en cantidad aproximada de 3 l por persona y día. Protección solar, champú, productos de limpieza de cocina y superficies para tener una higiene adecuada en el barco. Por último, tocaba embarcar garrafas de 25 l de gasoil extra, aparte del que llevaban los tanques del barco, para usarlo cuando el viento fuera insuficiente. Para nuestro barco, estibamos 10 garrafas de 25 l que fuimos colocando en los múltiples tambuchos que tienen estos barcos de fibra de vidrio con dos patines laterales en los que se alojan cuatro camarotes dobles, dos a proa con sus cuartos de baño y otros dos a popa. En el espacio intermedio, también de grandes dimensiones, encontramos un espacio a proa con una red como cubierta que sirve como superficie de paso, solárium, etc., de unos 15 metros cuadrados. Detrás de ella está el habitáculo cerrado en el que se sitúa un gran salón con una mesa central, asientos a su alrededor, una cocina y una gran cristalera que le proporciona mucha luminosidad. A babor y estribor del salón se sitúan las escaleras de acceso a los camarotes y a popa una gran bañera con otra mesa gigante, múltiples asientos, muy espaciosa, y en ambas bandas sendas escaleras que subían al puesto de gobierno con la rueda, la maniobra con potentes *wincher* y toda la jarcia, mástil, obenques, velamen, cabos, escotas, drizas, etc., suficientemente potentes para soportar las fuerzas que el viento presiona las velas e impulsan el buque a velocidades de entre 6 y 15 kn. (nudos, *knots*) de velocidad.

1 nudo de velocidad = 1 milla/hora = 1800 m/h.

Hicimos un *checking* completo del barco, subimos al palo para comprobar el buen estado de las poleas, drizas, antenas, crucetas, obenques, luces, etc., y revisamos el estado de la jarcia minuciosamente. Hubiera sido deseable salir a navegar algún día, pero había que hacer tantas cosas a bordo que tuvimos que comprobar el velamen el mismo día que salimos.

Tórtola, Islas Vírgenes Británicas.

Yo comprobé el correcto funcionamiento de mi teléfono satelital, añadí los contactos de la gente con la que quería mantener algún tipo de conversación y dos personas fundamentales con las que descargar el parte meteo cada 24 h, fundamental en el mar y más aún en esta travesía.

Observé desde el primer día que nuestro barco no tenía radar y eso me preocupó bastante. El otro catamarán sí lo llevaba, pero los monocascos tampoco. Eran barcos destinados a chárter que iban a hacer una singladura trasatlántica y no estaban preparados para ello.

Un monocasco de 40.1 pies, Star of the Seas, estaba en la marina seca porque había sufrido una varada y se había dañado el timón, el bulbo y la hélice de proa. Los tripulantes, Álvaro y Manu, fueron a verlo y por la noche nos contaron el estado del barco: deplorable. Tuvo que ser una varada importante por lo que nos contaron y dudaban que se pudiera reparar en unos pocos días. Estaban muy preocupados por ello y, a los tres días, fuimos a ver el barco y ya estaba arreglado. La hélice parecía bien, el bulbo recién pintado y estaban acabando de arreglar la hélice de proa. Al día siguiente estaba en el agua y amarrado junto a los otros barcos. Era un buen barco, pero le faltaba una génova como Dios manda y solo tenía una vela de proa autovirante, que es una pequeña génova, foque, que se utiliza en regata para ceñir a rabiar y que cambia sola de amura en cada virada. Tenía buen aspecto, pero tampoco llevaba radar ni, por supuesto, ningún dispositivo de navegación transoceánica. GPS, VHF y un móvil unidireccional satelital de Álvaro que solo podía recibir mensajes.

El otro monocasco, el Carelli de 38 pies, también sin radar como todos los barcos de esta flota, salió un día a navegar de prueba y cuando volvieron dijeron que no funcionaba el piloto automático. Al día siguiente, un empleado de la base lo reparó. Me llamó la atención que la mayoría de los mecánicos que trabajaban en el puerto base de barcos de chárter eran asiáticos de baja estatura y superactivos. En abril había una actividad frenética, pues todos los barcos que había estaban pendientes de reparaciones y el trasiego de zódiac de unos barcos a otros con varios asiáticos a bordo era continuo.

Los tripulantes del Carelli, Rodri y Jaime, eran dos jóvenes serios y muy rigurosos en su menester, Jaime era compositor de música, con la carrera de guitarra clásica, y Rodri, capitán de yate y muy enamorado de su pareja, Sara, que viajaría en el cata de Pedro y Alfredo por decisión del jefe. Nunca supimos el porqué de esa decisión tan arbitraria.

Nuestro cata, el Dream Elli, como ya he dicho, no tenía radar, el anemómetro no funcionaba y un día antes de zarpar lo cambiaron entero. La bomba del agua dejó de funcionar y lo mismo, vino el técnico y lo que hizo fue abrir todos los grifos y espontáneamente salió el agua. Supusimos que había entrado aire y al purgarse funcionó.

Isla de Tortola, puerto de Road Town. Arreglos antes de zarpar.

El otro cata que patroneaba Pedro, el Big Elly, no parecía presentar anomalías e incluso llevaba radar. Le acompañaba Alfredo, que era el otro médico del grupo, que trabajaba en un centro de Atención Primaria en Formentera. Un hombre serio y muy agradable. Un día completo se lo pasó Luis luchando con los de inmigración y aduanas, registrando a toda la tripulación, mientras nosotros seguíamos estibando las múltiples garrafas de agua y gasoil, lavamos a fondo toda la cubierta, los cabos y un sinfín de detalles. Terminábamos la faena a las 8 de la tarde y tocaba tomarse unas cervezas en el Big Elly, donde comentábamos todas estas incidencias mientras tomábamos las ricas ensaladas que preparaba Manu, que entre los mil oficios que había tenido en su vida, aparte de jugador profesional de póker, también fue cocinero en un hotel de lujo. Un tipo curioso como el resto de los tripulantes, cada cual con su historia personal y una afición común a todos: la pasión por el mar.

10

Largando amarras. Buena proa

Pues bien, el día 3 de abril a las 10 de la mañana, con sol y nubes como toda la semana que llevábamos en la isla acompañados de algún chubasco suave, partieron primero el cata de Pedro, Sara y Alfredo, detrás el Carelli de Rodri y Jaime y, a continuación, el Star of the Seas con Manu y Álvaro en amor y compañía. Los tres pasaban por nuestro amarre y nos saludábamos con el sentimiento que se tiene cuando te despides de alguien que conocieras desde años atrás, muy entrañable.

Por fin nuestro barco estaba a punto y zarpamos los últimos a las 4 de la tarde, a motor rumbo E. para salir del archipiélago, cosa que hicimos una hora más tarde, con lo que arriamos la mayor a tope de mástil y la génova entera. Pusimos rumbo N. con un agradable viento de 13-15 kn por la aleta de estribor, o sea, viento del SE, típico alisios. ¡¡Por fin!!

Primera tarde de navegación placentera hasta que intentamos contactar por radio con la flota y *toma*: se disloca el B&G y nos quedamos sin piloto automático. ¿Y ahora qué?

Desconectamos la radio y el P.A. vuelve a funcionar, decisión: seguir sin radio, pues volver a la base se hacía muy cuesta arriba. De todas formas, el resto de la flota estaba ya fuera del alcance de la radio, no había cobertura por los móviles. Solo disponíamos del piloto automático y el *plotter*, la pantalla con los datos imprescindibles en el piso de arriba en el puesto de mando. Pongo un mensaje a Pedro y a los 20'tenía su respuesta, en mi Iridium satelital. Navegamos conectados dos días y al tercero, al levantarme para hacer la guardia de las 0600, me encuentro con un mensaje de Pedro:

«Carelli con problemas serios en el timón. Volvemos a la base».

Cuando llega Luis y lee el mensaje, hablamos y decidimos seguir nuestro rumbo al considerar que volver nosotros no resolvía nada. A una velocidad media de 7 nudos recorríamos unas 168 millas diarias.

Del Star of the Seas no sabíamos nada, pues ellos no podían emitir. Solo podían navegar y llevarse bien, ya era bastante.

Teníamos noticias suyas por Pedro, que se limitaban a darnos su posición. Venían detrás de nosotros, pues el cata era más rápido.

Y así transcurrieron los primeros días con unas mañanas en las que los delfines y los sargazos llenaban el mar, las tardes apacibles con unas puestas de sol insuperables y noches estrelladas y solitarias en los que el centro de atención era el juguete diabólico al que detestaba Luis al principio y acabó con dependencia total.

Atardecer en el Atlántico.

Largando amarras. Amanece el primer dia de navegación rumbo Norte.

Gracias a él teníamos noticias del resto de la tripulación y nos mandaban la meteo los colegas de tierra que se habían conectado conmigo. Ahí estaban todas las noches Manolo, María Luisa, Ali y Vicente, que me siguieron hasta que amarré el cata y me indicaron dónde estaba el casino, geniales. También añadí al padre de Vasco, que le mandaba la meteo a Luis en portugués y, al ser su colega, le añadía un punto de seguridad más. David, experto en todo lo concerniente a navegación, coincidía con los de tierra en el mejor rumbo a seguir. Vasco Jr. a los pocos días se metió en su camarote y solo subía para hacer su guardia. Se mareó y mantuvo ese estado hasta que llegamos a Azores. Llegó a preocuparme, pues no tomaba nada y yo no paraba de darle agua:

«Se me deshidrata el niño y ¿qué hacemos?».

Llevaba sistemas para coger vías endovenosas y bolsas de suero fisiológico, pero no quería llegar a ese extremo. Otro problema para añadir a la lista.

Lo mejor del barco era la electrónica del sistema de navegación, B&G de última generación, pues el barco tenía poco más de un año. Lo trajo David del astillero francés de Lagoon, en mayo de 2021 hasta Mallorca, Porto Colom, donde tiene su base la empresa que lo explota. Hicieron la temporada de verano en Baleares y en diciembre lo llevaron al Caribe.

Momentos tranquilos.

Era lo imprescindible para navegar en cualquier mar y funcionaba bien, y sin él no hay barco que salga al mar por pequeño que sea.

Luis estaba manipulando las 1000 opciones que permitía la gran pantalla del *plotter* cuando de pronto sentenció:

—¡No tenemos anemómetro!

El *display* correspondiente permanecía en blanco, aunque la veleta giraba aparentemente bien. Esto significaba que no tendríamos una medida correcta de la fuerza ni la dirección del viento, pero al capitán no le inquietaba y nos dio una lección magistral a Vasco y a mí de cómo saber la procedencia del *wind*:

—Poneos cara al viento y cuando lo notéis con la misma intensidad en ambas orejas, tendréis la dirección exacta de su procedencia. Es la manera más antigua y fiable para identificar este parámetro. La electrónica ayuda, pero no es imprescindible.

En parte llevaba razón, pero si no existiera la tecnología, la vida no evolucionaría.

Las guardias las estableció Luis de la siguiente forma: de 6 de la tarde a 6 de la mañana, una guardia cada 3 h de forma que el que hacía la primera, de 6 a 9, repetía la última de 3 a 6 de la mañana. Pasados unos días en los que empezamos a notar el cansancio, estableció las guardias de día de 3 h, desde las 9 de la mañana a las 6 de la tarde. Luego veremos la utilidad de este reparto de las horas de descanso y vigilia.

La primera noche me tocó de 2400 h a 0300 y tuve una noche cerrada con un cielo estrellado en el que estaban todas las estrellas correspondientes al mes de abril: Osa Mayor, Osa Menor, Polar, Vía Láctea, Cruz del Sur, etc., etc.

No hubo ninguna novedad salvo un aviso por el Iridium comunicando que el barco de Jaime, el guitarrista, y Rodri, el capitán profesional, volvían a Tórtola, pues tenían problemas en el timón y había que repararlo. Big Elli se volvía con ellos también, para acompañar al Star of the Seas. Continuamos nuestro rumbo, dejando atrás a dos barcos, un tercero del que no teníamos noticias y nosotros en un cata que navegaba a 8 kn con un viento del SE de 15 kn, sin anemómetro, radar, radio VHF, AIS, NAVTEX, etc.; eso sí, era un barco muy compacto, fiable, hecho a la medida de un capitán rudo y de la vieja escuela, que navegaba mirando al cielo buscando los cirros que, según sus explicaciones, indicaban que al día siguiente tendríamos borrasca. Se ayudaba del barómetro, que oportunamente cambiamos antes de salir y que durante el transcurso de la travesía resultó haber sido demasiado barato.

11

La mar es mi hogar

Los dos primeros días de viaje tranquilo, dedicaba media hora a leer una historia de España de Pérez Reverte, entretenida y que no llegué a terminar a pesar de su reducido volumen de 145 páginas, debido a que la intensidad del viento iría subiendo paulatinamente y, con el cansancio físico y mental, tardaba poco tiempo en dormirme, igual que los navegantes de la vuelta al mundo en solitario que, según contaban en los vídeos que veía antes de iniciar esta locura, dormían dos horas cada 4 o 6 horas y esas dos horas eran de sueño profundo, salvo que saltaran las alarmas.

El camarote se encuentra en la parte inferior del cata, dos en cada patín con cuarto de baño cada uno. El primer día me resultó muy espacioso todo el conjunto y con armarios suficientes para guardar todos los juguetes y ropas que llevaba en una gran bolsa que había comprado con mucha ilusión, pues me recordaba a los tiempos en los que navegaba durante casi dos meses en verano por las islas griegas en mi Capitán Veneno, que tuve durante 8 años en aquel paraíso ideal para la navegación a vela. Todos los días 25-30 kn de Meltemi, N.

Allí llevaba una bolsa semirrígida que podía estibar guardándola bajo mi cama, pues las maletas grandes son muy difíciles de estibar a bordo, pues ocupan mucho espacio. Una semana antes de salir, la colocaba en una cama del dormitorio de invitados en mi casa e iba colocando meticulosamente todos los aparatitos que iba comprando durante el invierno y encima las ropas que en verano en el Mediterráneo se reducen a bañadores, camisetas, dos pantalones y un chubasquero, amén de la ropa que dejaba en el barco cuidadosamente guardada en bolsas cerradas de aspiración negativa para prevenir la humedad importante en un barco cerrado a pesar de colocar deshumidificadores de carbono activo, que recogían un litro de agua cada uno. En los últimos años dejaba cuatro envases en el salón y uno en cada camarote.

Ahora, tenía que ir pesando la bolsa para no sobrepasar los 25 kg, máximo permitido por las compañías aéreas si no querías pagar el precio del sobrepeso, excesivo como todos los costes que se generan en vacaciones. Sales de tu casa y pones un taxímetro que no para hasta que vuelves en septiembre, sin un euro y con la tarjeta caliente. Para eso se inventaron las vacaciones, para dejarte en dos meses los ahorros de 10 de trabajo. En otoño me compraba una hucha de lata de 1 l de volumen y todos los días, cuando volvía de la clínica, le metía uno o dos billetes de los grandes y cuando llegaba el mes de junio cogía un abrelatas y era un placer sacar los billetes, plancharlos y contarlos. Cuando terminaba, se me ponía cara de satisfacción al pensar que todo eso era la recompensa de mi chulo pero lastimero trabajo, pues era agotador tanto para la mente como para la espalda a pesar de que trabajaba sentado, pero eran 45 horas a la semana, adornadas de todos los conflictos que rodeaban al trabajo consecuencia de mi encantador talante.

Pues bien, cuando acabé de vaciar convenientemente la bolsa y colocar todo en su sitio, acabé sudando del calor y la humedad del Caribe, lo que me aliviaba con una estupenda ducha en un baño bastante confortable. Era una rutina más durante todos los días que permanecimos en tierra, gozar de una buena ducha y un lavado de cabeza de lujo. Fue otra de las muchas cosas a las que tuve que adaptarme navegando, pues al segundo día dejó de salir agua, se había roto la bomba y las instrucciones eran claras.

Navegación placentera frente a las costas de Puerto Rico.

—Tenemos que racionar el agua potable pensando que vamos a estar en el barco más tiempo del que hemos calculado a la hora de comprar los galones. Rápidamente los circuitos neuronales se activaban y la idea básica era que una persona es tanto más inteligente cuanto mayor es su capacidad de adaptación al medio que la rodea. Inmediatamente se abrió una ventana en el interior del conglomerado de circuitos neuronales que componían el tejido cerebral junto con la glía, el L. C. R., sistema arteriove-noso y todos los demás integrantes del kilo y medio de masa cerebral del Homo sapiens. En esa ventana aparecía el título de otro gran libro, *Sapiens*, en el que su autor Yuval Noah Harari desarrolla su teoría de cómo el hombre de Neandertal eliminó al de Cromañón, al ser el primero que aprendió a comunicarse con sus homónimos mediante aullidos indicando la presencia de un peligro y evitándolo, cosa que los agricultores-recolectores de C. R. no llegaron a aprender y desaparecieron de la evolución filogenética de las especies al no haberse adaptado al cambio con la rapidez que lo hicieron sus vecinos.

Al tercer día de navegación frente a las costas de Florida, aunque unas cuantas millas hacia el este, manteníamos el rumbo N. a motor, pues la falta de viento y olas en un día soleado y con vistas al mar animaban al baño, por lo que me animé a darme el primer chapuzón en el Atlántico a la antigua usanza, con un cubo atado al candelero por un cabo para evitar su pérdida, ya que, al cargar agua con el barco a 6 nudos, la fuerza con la que tira es suficiente para que se escape. A mí no me pasaría, pues lo fijé bien con un ballestrinque y, sentado en la popa, me enjaboné con mi recién estrenado champú que compré en el ambientado supermercado de Tórtola.

El agua no estaba fría y cargué el cubo varias veces hasta que en la última se escapó, quedándose el asa firmemente unida al cabo y el cubo blanco se alejaba por la estela.

—¡Cubo al agua!

Rápidamente, el dispositivo de rescate se puso operativo, Luis maniobró raudo, Vasquiño salió de su letargo y, cogiendo el bichero, se colocó en el patín de estribor, consiguiendo con gran destreza capturar el hermoso cubo, tras lo cual reanudamos la marcha. Una vez seco y vestido con ropa limpia, me apliqué con el cabo, le hice una gaza al cubo y todavía está a bordo prestando sus servicios a todo aquel que lo necesite.

Era sorprendente la abundancia de algas en forma de racimos de color marrón en la superficie del mar desde la salida y que nos acompañaría hasta muy al N., en la latitud de las Bermudas. El mar de los Sargazos ocupa una gran extensión del Atlántico Norte, en su parte más septentrional, desde el Caribe hasta las Bermudas y se caracteriza por sus encalmadas, aguas templadas y ausencia de vida marina por la abundante concentración de sales minerales.

La tarde fue tranquila y la mente en calma comenzó a analizar la situación. Estábamos a 700 M. n. de Bahamas, con mar en calma y unos 1000 m de profundidad en un barco de 15 m de eslora, tres personas aisladas en el amplio océano, con un destino situado a unas 2500 M. n. que tardaríamos unos 12 días con sus noches en recorrer y sin escala en Bermudas, que estaban a unos 6 días de navegación. La falta de actividad y la situación estable daban rienda suelta a múltiples sensaciones en las que había de todo: momentos de gran bienestar disfrutando de una puesta de sol increíble acompañados de múltiples fotos con el móvil, que siempre lo llevaría en el bolsillo por lo que pudiera pasar, no porque mirara el WhatsApp, que dejó de trasmitir a las dos horas de zarpar, lo que contribuía con la sensación de aislamiento del mundo aunque estuviéramos más dentro de él que nunca, sobre el mar y bajo el cielo las 24 horas. En días como hoy, dos tonos de azul, arriba y abajo, ambos muy bonitos y familiares.

Luna llena los primeros días.

Las noches eran mágicas, el mar tranquilo, la luna y yo estábamos solos acompañados por el rozamiento del cata sobre el mar. En los venideros de mal tiempo cambiarían los colores debutando los grises amenazadores. Con el ocaso aparecían ráfagas de inseguridad mental ante la llegada de la noche que seguiría siendo oscura y bella con una luna moruna en cuarto creciente que, en cierto modo, apaciguaba la intranquilidad al ser el astro más cercano a nosotros y nos acompañaría hasta el crepúsculo. Mentalmente estos primeros días eran de un equilibrio inestable, pues cualquier cosa alteraba el alma. Un barco a la vista, por ejemplo, era un acontecimiento que me mantenía entretenido desde que lo divisaba en el horizonte, se iba acercando y hasta que me cercioraba de que no estábamos en rumbo de colisión, pasábamos a la siguiente fase: analizar el tipo de barco, calcular su rumbo y velocidad, si iba cargado o vacío y, a medida que se iba acercando, si había tripulantes en cubierta, altura de la torre y ya en el través el pabellón. Los dos barcos con los que nos cruzamos llevaban la bandera de Panamá, país de conveniencia que las navieras utilizan para ahorrar costes en el transporte de mercancías al pagar menos impuestos, tener menos obligaciones legales y reducir los derechos de la tripulación al estar bajo las leyes del país que los abandera, mucho más precarias que las de otros países de mayor nivel económico.

De todas formas, el tráfico marítimo visible en el Atlántico era muy pobre, seguramente porque al haberse detenido la producción en China, tras el desastre de la gran epidemia, los grandes cargueros estaban amarrados o simplemente no estábamos en la ruta de ellos, afortunadamente, pues con poca visibilidad no contábamos con ningún dispositivo que nos alertara de la presencia de un barco. Horrible.

A partir del segundo día de navegación Vasco comenzó a sentirse mal, se mareó y decidió refugiarse en su camarote hasta tal punto que solo salía para hacer sus guardias. Lo estaba pasando mal, pero su ausencia repercutía en nosotros, yo personalmente no he fregado tantos platos y cacharros en la cocina en toda mi vida. Lo asumí como mi contribución a la navegación, sobre todo porque mis habilidades culinarias eran muy precarias, pues, aunque el señorito vive solo, tiene una mujer que le prepara la misma comida que en casa de sus padres, donde Ely había trabajado en los últimos 10 años. Teníamos la costumbre de ir a comer los miércoles con mis dos hijos y nos preparaba lo que más nos gustaba y son las mismas recetas que me prepara actualmente en mi casa. Por eso, cuando al tercer día de navegación me dijo el Capi:

—Alberto, hoy guisas tú, coge una rodaja de pescado congelado y haz un guiso con lo que encuentres. Puedes utilizar agua del mar.

Obedecí órdenes y pensé que el agua del Atlántico estaría menos salobre que la del Mediterráneo, y por eso me lo indicó. Puse la cazuela con el pescado en el fuego y fui añadiendo patatas, cebolla, pimientos, zanahoria, pimentón, ajo, etc., y al cuando llevaba un rato hirviendo lo probé: estaba saladísimo, le agregué un poco de azúcar y terminé de guisarlo cuando las patatas estaban blandas. Me puse un poco en un plato y haciendo un esfuerzo me lo tomé. Le advertí que no estaba muy allá, lo probó y directamente me ordenó:

—Tíralo, está incomible.

A partir de ese día me rebajó de servicio de cocina, pero no de limpieza, por lo que mi trabajo en la cocina se limitaba a fregar los platos, vasos y olla, sin agua en el grifo, había que coger agua del mar con el meneíllo y traer el cubo hasta la cocina, unos 4 m con el cubo en una mano y la otra donde podía sujetarme. Un castigo.

12

Navegación placentera

Los primeros días transcurrieron tranquilos, comenzaron a aparecer delfines por la mañana, pequeños y juguetones, nos acompañaban un rato y seguían su camino. Durante estos días de calma el mar estaba sembrado de carabelas portuguesas que mostraban su aleta dorsal que les sirve para moverse impulsadas por el viento, debajo el cuerpo, la boca por la que traían pececitos con los que el sistema se alimenta, pues son carnívoras. Para ello disponen de largos tentáculos con los que neutralizan a su presa, les inoculan su veneno y se lo traen a la boca. Las hay por miles y suelen tener un tamaño visible de unos 15 cm. Su picadura en humanos puede ser mortal y se ven algunas por la costa española.

Las noches eran muy apacibles, solíamos ir a motor, pues soplaba poco viento, eran muy silenciosas.

Lo que la mar esconde.

La luna era creciente y nos iluminaba algo, pero a medida que ganábamos latitud la presencia de nubes iba en aumento, con lo que aparecía y desaparecía proporcionándonos un espectáculo en continuo cambio. A las 04:00 hacía acto de presencia por estribor a unos 40° E. Venus, con su potente luminosidad que en una hora daba paso al amanecer al que seguía el orto, sol naciente, momento en el que se podían tomar alturas de las estrellas con el astrolabio. Hubiera sido de utilidad, pero su tamaño impedía trasportarlo en la bolsa.

A partir del quinto día, llevando unas 750 M. n. navegadas, el viento empezó a subir procedente del S. E. y aunque no funcionaba el anemómetro estimamos que soplaría con una fuerza de 15 kn. Pues el barco iba cómodamente a 7 kn., llevábamos todo el trapo, con una superficie vélica de unos 150 m con un gran génova y su correspondiente mayor de sables reforzados enrollables en la botavara y dotada de *lazy jack*. En el cuadro de mandos, había una pegatina en la que el astillero recomendaba tomar el primer rizo de la mayor a los 25 kn. El segundo rizo a los 35 y el tercero a los 40 kn. Y otro tanto con la génova. Cuando leía aquello pensaba:

—No creo yo que veamos 40 kn. de viento.

Era una forma de consolarme, pero mi Capi hablaba siempre de la navegación con fuerza 8 como algo completamente normal. ¡Se le veía muy seguro y yo no paraba de mirar al horizonte buscando los temibles *squalls!*, mini ciclones que aparecían por cualquier sitio, un conglomerado de nubes que bajaban del cielo y se posaban en el mar y al poco rato los teníamos encima y nos engullían violentamente, ante lo cual teníamos que haber arriado velas dejando solo un rizo de génova que al venir la fuerza del viento por la aleta de estribor, nos empujaría rumbo N. Durante el día, los teníamos que identificar con la vista y las instrucciones eran claras:

—Tomar rizos rápidamente y aguantar el chaparrón.

Pero ¿y por la noche? ¡No teníamos radar y no podríamos anticiparnos a ellos por lo que otra pena para mi alma!

Después de cada guardia cada cual tenía que rellenar el cuaderno de bitácora, pues era norma obligada de cara a cualquier problema que ocurriera a bordo. La compañía de seguros no se hacía cargo de ningún percance o siniestro si el cuaderno de bitácora no estaba perfectamente relleno con todos los datos reales. Los datos eran los siguientes:

1. Día.
2. Hora de comienzo y fin de la guardia.
3. Coordenadas al fin de la guardia.
4. Viento; fuerza y dirección.
5. Estado del mar.
6. Rumbo; COG, CTS, COMPAS, AUTOPILOT.
7. Tracción; vela o motor.
8. Barómetro.
9. Velas; génova y mayor, superficie expuesta de tracción.
10. Motor; hora *on, off*.
11. Generador; hora *on, off*.
12. Incidencias.

En la noche, estando solo en el puente, cualquier ruido, imagen, golpe de mar, etc., alteraban el estado de alerta, sobre todo si íbamos a vela y se producía un aumento de la fuerza del viento, pues si pasaba de los 30 kn., había que avisar a la tripulación para iniciar la maniobra de tomar rizos. Lo mismo ocurría si el piloto de viento nos apartaba del rumbo marcado en el *plotter*, no era gran inconveniente porque se iba corrigiendo, pulsando la tecla ±5° Bb. Estr. Era fundamental mantener el rumbo para no perder tiempo innecesariamente en una travesía transatlántica, pues estaba en juego nuestra supervivencia al disponer de alimentos, agua y fuel limitados y necesarios para llegar a nuestro destino. Un descuido en unos grados del rumbo durante unas horas suponía aumentar la duración de la travesía y el consecuente gasto de provisiones. En los grandes buques, llevan su derrota marcada antes de salir del puerto de origen por el capitán y siempre se trata de navegar las menores millas posibles, dado que, en estos mastodontes, un desvío del rumbo supone un considerable aumento del gasto de carburante, lo que repercute en pérdidas económicas para los armadores. En nuestro barco las horas de motor se tenían muy en cuenta para calcular el gasto de gasóleo que 1500 rpm, era mínimo. Los motores de última generación gastaban menos que un mechero.

Había un sonido continuo e intermitente que duraba 3 s y se repetía cada 2 min. Era la bomba de sentina en modo auto que trabajaba cuando había un poco de agua en la sentina de fondo. Una noche, estando yo en el puente, este sonido se hizo continuo y al no identificar su origen, avisé a Luis, hicimos todas las comprobaciones posibles, revisó todas las sentinas, abrió todos los armarios, puso el barco patas arriba y nada, el pitido continuaba y me indicó que pusiera un mensaje en el muñeco diabólico del cual se enamoró perdidamente:

—Alberto, pon un mensaje de alerta a Víctor y a todos los barcos diciendo que estamos en una situación de alerta.

Algo perplejo, pero sin preguntar hice lo que me ordenó y quedamos a la espera de respuesta. ¡Entretanto le di a los pulsadores que teníamos debajo de la rueda y sorpresa!, se cortó el ruidito. Había colgado una linterna en la bitácora y con el movimiento había pulsado el botón. Se acabó el problema, pero el gatillo siguió aullando hasta que llegamos a nuestro destino.

Cuando acababa mi guardia siempre me seguía Luis, le hacía una foto al cuadro de mandos, le daba novedades y me bajaba a descansar. Rellenaba el cuaderno de bitácora y aprovechaba este rato en la mesa del salón para tomarme un vaso de leche con cereales que desde entonces tomo a diario en mi casa y regulan muy bien el tránsito intestinal.

Esta cuestión es de suma importancia en navegación con vista a mantener un ritmo adecuado intestinal procurando que la alimentación sea lo más correcta posible, así como el grado de hidratación. Hay que calcular un gasto aproximado de 2,5 l/día de agua por persona, sobre todo en los días de calor y mala mar en los que permanecemos muchas horas en la bañera trimando velas. Los ejercicios continuos de flexión-extensión de piernas y el trabajo con los *wincher*, producen un gasto importante de calorías y si no bebemos suficiente agua, los calambres durmiendo nos darán la lata, más aún con temporal. Sin darnos cuenta pasamos varias horas capeándolo, trabajando muchos grupos musculares y haciendo un gasto extremo y si no reponemos líquidos, alimentos y estiramientos musculares, los calambres durante el descanso pueden ser una lacra importante. Conviene llevar en nuestro botiquín medicación con un complejo polivitamínico que contenga sales minerales. Nos vendrá muy bien.

El viento iba en aumento cuando al séptimo día, el anemómetro empezó a funcionar, coincidiendo con la aparición de nubes grises en el horizonte y aquello marcaba 20 kn de viento que nos venía por la aleta de estribor. El barco se encontraba muy cómodo y estable, marcando velocidades de 8-10 kn. Era muy rápido y estable, pero yo, que no había navegado ni mucho ni poco últimamente, me movía por la cubierta como un abuelo de 71 años con artrosis en todas las articulaciones del *body*. Menos mal que estos barcos de chárter tienen asideros por doquier y a duras penas me desplazaba por la cubierta, aunque el paseo hasta el puente, con 5 peldaños de escalera suponían para mí un ejercicio de titanes, tanto para subir como para bajar y se me notaba. Recuerdo los primeros días en el muelle que todos iban descalzos con soltura, lo que para mí era imposible. Me había operado de los dedos de los pies hacía un año, me habían infiltrado las rodillas con plaquetas hacía 8 meses y el hombro izquierdo, el del tendón casi roto, hacía un mes.

Allí estaba yo cuando al octavo día entre Bahamas y Bermudas las nubes ocupaban todo el cielo y el mar pasó de un azul de postal a un gris de documental de YouTube, la fiesta estaba empezando y cayeron las primeras gotas. Luis seguía haciendo pan casero con el que íbamos tirando, al principio lo encontraba raro, pero como todo en la vida, la necesidad apremia. Estaba encima del mueble de la cocina hasta que acabábamos el último trozo, antes de bajar al camarote a dormir un poco. Empezaba a hacer frío y las guardias nocturnas te iban castigando. Al entrar al camarote, estaba frío y con una humedad del 100 %. Me quitaba la ropa fría y me metía en mi saco, menos mal que me lo llevé, las sábanas no eran suficientes y las finas mantas tampoco. Justo encima de mi camarote estaba el puesto de mando y siempre se producía el mismo ruido, pisotones, ruidos de *wincher* y un aumento rápido de la velocidad del cata que yo notaba por los golpes del mar en las paredes de los patines o sea en el camarote; todos los cambios de guardia. Luis estaba arriba y lo primero que hacía era trimar las velas para que el barco alcanzara su máxima velocidad. Me contaba que la gente del mar siempre tiene prisa por llegar a puerto desde el comienzo de la navegación, para esconderse del peligro, para llevar la mercancía o la pesca los primeros o para ganar la regata. Los marineros lo llevan en el ADN y él también. Necesitaba llevar el barco siempre al límite yendo a vela, a motor, dosificaba el gasto de combustible.

A mí, solo me permitía manejar los cabos cuando el viento subía de intensidad. Nunca nos anticipamos al temporal, con lo que la maniobra resultaba más pesada. Entonces tenía que trabajar duro para resultar efectivo y cada vez que le daba una vuelta al *wincher* tenía muy presente el tendón del supraespinoso derecho, que en la ecografía que me hice al bajar de la sierra en un día de esquí, me dijo el radiólogo lo que ya sabía unos meses antes. Había una rotura parcial y por ese motivo el traumatólogo me había infiltrado plaquetas un mes antes de partir. El año anterior había hecho lo mismo en ambas articulaciones femoropatelares y había podido esquiar todo el invierno sin mayores problemas.

13

El miedo nos prepara para actuar y nos ayuda a sobrevivir

El 26 de abril era la fecha que la organización tenía previsto reunirnos a todos en Tórtola, Road Tawn, y concretamente en los muelles de BVI YACHT CHARTER, donde centenares de barcos de alquiler entraban y salían de sus amarres en un trasiego constante, pues la temporada del Caribe terminaba y los múltiples operarios se afanaban en arreglar los desperfectos ocasionados por los usuarios durante los últimos meses y en nuestro caso poco a poco iban dejando los barcos en perfecto estado de revista para iniciar el gran periplo. Mayo es el mes elegido por la flota de barcos de vela para iniciar el viaje rumbo a Europa, que lógicamente era la misma para todos: rumbo N. desde todos los puntos de salida de las diferentes marinas caribeñas, en dirección a Bermudas a unas 750 M. n. de millas al N. frente a la costa de EE. UU., concretamente frente a Carolina del Sur y a 850 M. n. de Tórtola, destino optativo antes de virar a estribor rumbo a Azores, resultando un total en línea recta sobre el mapa de unas 2700 M. n., o sea más de 3000 M. n. 3000 a 6 kn/hora = 500 h de navegación: 24 = 21 días, duración aproximada a 6 kn. 3000 a 8 kn, unos 16 días.

Ese es el rumbo que suelen llevar los contraalisios que soplan del SE. hasta Bermudas con una intensidad media de 15 kn. Desde allí y siguiendo las agujas del reloj los vientos soplan virando hacia el E. en dirección a Europa y ya en Azores rolan hacia el S. hasta Canarias, donde rolan de nuevo hacia el W. conformando el círculo de la corriente del golfo de México.

Cuando nos íbamos acercando a la latitud de Bermudas, los partes que nos mandaban desde tierra avisaban de la presencia de borrascas al NE. entre nosotros y Azores, recomendándonos seguir rumbo N y dejarlas pasar si no queríamos tener fiesta. Vasco, un amigo navegante de Luis, confirmó lo que ya sabíamos y empezamos a virar lentamente a estribor con lo que los segundos y los minutos de las longitudes empezaron a disminuir lentamente. Pensé que nos pegaríamos a la cola de las depresiones evitando meternos de lleno en ellas, pero el plan de Luis era llevar el barco a la máxima velocidad y para ello tenía que meterse dentro de las depresiones para navegar rápido al haber más viento. Las nubes grises se fueron haciendo más compactas y el color azul desapareció para dar paso a los grises de las películas, el viento aumentó de intensidad y ya no nos dejaría hasta llegar a nuestro destino.

Estábamos a mitad de camino y unos grados por debajo de la latitud de las Bermudas, aproximadamente a unos 30° latitud N. y 60° longitud W. y a unas 900 M. n. de las costas de Carolina del Norte, cuando cambiamos el rumbo. De rumbo 360°, cambiamos a 080°, habiendo marcado en el *plotter* y como destino final de la ruta, la isla de Horta, la más occidental de las Azores. Allí nos esperaba el bar de Peter, el legendario destino de todos los marineros que cruzan el Atlántico y bien conocido por la gente del mar. Nos tomaríamos la deseada cerveza y todo lo demás después de 15 días de dureza incuestionable, noches penosas y todo lo que nos esperaba en el camino que hasta ahora había sido un paseo de domingo.

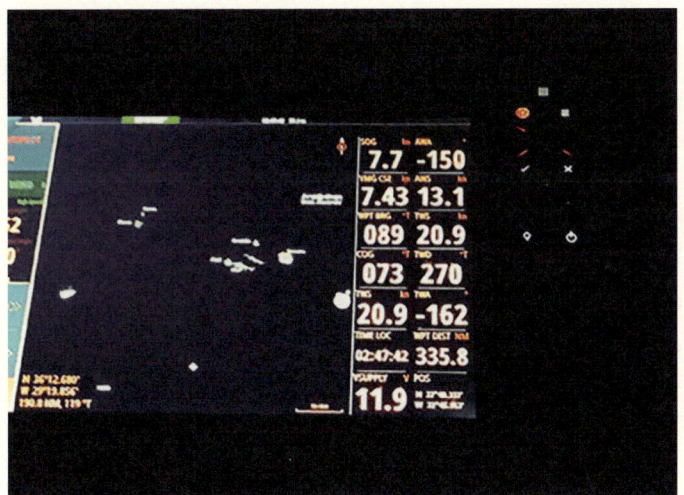

Los datos del GPS cerca de Azores.

«A este rumbo, cogeremos la depresión por atrás y los vientos del S. W. nos empujarán fuerte hacia las islas», me gritaba Luis, pues el ruido del mar iba aumentando su tono, el viento estaba en 30 kn. y las olas de 2 m golpeaban el casco zarandeándolo por sus dos amuras. Esas olas también golpeaban los costados internos de ambos patines y durmiendo parecía que hubiéramos golpeado con algún elemento sólido que pensé que pudieran ser los sargazos, pero no, era el mar golpeando duramente al casco, alterando continuamente el sueño que con dificultad los primeros días, a los tres, cuatro días en el mar, me vencía en unos minutos cuando acababa una guardia».

El rumbo 080°, que nos llevaba a Horta, según la meteo que nos proporcionaba el móvil satelital, se encontraba en su camino con borrascas que bajaban desde el norte hacia la zona del anticiclón de las Azores. Cuando al octavo día de navegación, las nubes no dejaban pasar un rayo de sol, el ambiente iba cambiando, la luminosidad disminuyendo, el viento seguía en aumento y la lluvia hizo su aparición tímidamente.

Con tanto movimiento, cocinar se convertía en un auténtico trabajo que indudablemente no estaba destinado a mí. Luis con gran destreza hacía guisos calientes a base de patatas, verduras y arroz, al que le añadía un trozo de carne que lo hacía muy comestible, sobre todo con el hambre que teníamos.

«A buen hambre no hay pan duro», le decía cuando conseguía servirme la comida en el plato, llevarla a la mesa era también un juego malabar, y eso que no había que dar más de cuatro pasos hasta conseguir sentarme. Lo acompañaba de un trozo de pan casero y un vaso de agua dulce o dos. Cada vez que acababa, me tocaba lavar los platos amontonados, era el pacto que teníamos. Otra tarea altamente complicada para mí era cargar el cubo de agua del mar para limpiar los platos, pues para eso tenía que ir a popa, que estaba a unos ocho pasos del salón. Milagrosamente, me las arreglaba cada vez mejor con el paso de los días y ya no se me escapó nunca el cubo.

La primera borrasca nos la encontramos el décimo día; el viento llegó a 35 nudos de fuerza, olas de 2-3 metros y velocidad del barco 12 nudos. Habíamos tomado un rizo durante la noche, pues, aunque el barco aguantaba bien y el piloto automático era superpotente, lo más prudente era tomarlo. La maniobra resultó bien, ayudados por una potente linterna que nos mostraba la reacción de las velas a la acción del viento. Vi que un mosquetón del puño de amura en la base de la génova estaba a punto de soltarse. Había que ir a proa y cambiar el mosquetón a pesar de la noche y el estado de la mar. Temía que Luis dijera:

—Alberto, ve y lo arreglas. Pero no, acuartelamos el barco que iba ciñendo amurado a estribor girando la rueda hacia babor, sin largar la escota de la génova. Cuando esta vela cambiaba de amura, se quedaba trincada por la escota de babor, cruzada delante del mástil. La mayor permanecía cazada a babor, con lo que ambas velas cruzadas hacían que el barco se parara. Cazamos la escota de la botavara a tope en la línea de crujía y el barco se paró. En ese momento, el Capi, con su mosquetón y un alicate en el bolsillo, saltó el puente, atravesó la red con soltura y se abrazó al enrollador de la génova. Con gran destreza, cambió el mosquetón, apretó el tornillo y de vuelta a casa. Ya en el puente, golpe de timón a babor, la vela volvió a su sitio de origen y el barco empezó a coger velocidad hasta mantenerse en 12 nudos y en el rumbo 080°. Terminé mi guardia, hice la foto al panel de control, bajé al salón y esa noche cené un vaso de leche con cereales riquísimo, y a la luz tenue de un farolillo, pasé los datos del móvil al cuaderno de bitácora, puse a cargar los móviles y al camarote. Tenía frío y las sábanas estaban húmedas, pero afortunadamente me había llevado un saco en el que me encontraba como en mi casa. El barco iba muy rápido, las olas golpeaban con fuerza sobre el casco y se movía con gran inquietud. A pesar de todo, no conseguí leer tres páginas de *Una historia de España* de Pérez Reverte. El miedo se iba instalando lentamente en mi ánimo y yo me iba adaptando a él y a las circunstancias que lo causaban.

14

El miedo me está visitando

Al apagar la luz, solo se oían los golpes de las olas contra el casco y el ruido del viento que empujaba las velas y nos llevaba hacia un punto marcado en el *plotter*. «¿Qué hacía yo ahí, dentro de un saco de dormir, en un ambiente tan hostil?». Tenía miedo, sentía una opresión en el pecho durante todo el día, pero era en ese momento de oscuridad cuando mi mente podía pensar solo en eso. Estábamos a 1000 millas náuticas del punto más cercano, en medio de la inmensidad del océano, en un cascarón con velas que aparentemente se movía muy rápido, pero en la pantalla del GPS permanecía inmóvil. El camarote era el sitio más seguro del bote porque, en caso de vuelco, había una escotilla de cristal con un martillo en una hornacina con el que tras romperlo se podía salir y subir al casco del patín, a esperar a que alguien recibiera la señal de la radiobaliza indicando que había un naufragio en un punto del Atlántico. Repasaba mentalmente las ropas que me tenía que poner cuando me despertara dentro de tres horas, los dispositivos que me tenía que llevar, traje de supervivencia, DLP, móvil, documentación en bolsa estanca…, y pensando en estas cosas el miedo daba paso a un sueño superficial en el que seguía viendo olas, espuma, viento… La mente se iba adaptando al nivel de estrés progresivo, pero no lo hacía de forma automática y sin esfuerzo personal. Era en ese momento, al apagar la luz, cuando las imágenes aparecían y sentía un deseo enorme de llegar a puerto.

Solo percibía el ruido, pero unos buenos tapones impedían que todo el proceso mental del subconsciente cobrara entidad propia, estableciéndose un diálogo entre los datos archivados durante el período de guardia y la actividad neuronal. Las grandes olas, el ruido ensordecedor del viento, el movimiento incesante del barco acompañado de ruidos intensos de velas contra el aire, cabos contra el mástil, la mar contra el casco, los rociones de agua salada contra la cara, el frío que iba apoderándose de todo el cuerpo, todos aparecían en la oscuridad del camarote con los ojos cerrados y la amígdala era la zona del cerebro encargada de procesar y almacenar los estímulos emocionales captados por los órganos de los sentidos, vista y oído fundamentalmente, y organizar los mecanismos de defensa para lograr la autoprotección. Recibe la información del tálamo y reacciona ante los estímulos de peligro con la producción de noradrenalina, responsable de la taquicardia, taquipnea y contractura muscular generalizada, todo ello preparatorio para actuar de forma violenta y de autodefensa. Las amígdalas, una en cada hemisferio de la base cerebral, son pequeñas y con una capacidad limitada de producción de noradrenalina, por lo que en 20-30 minutos la situación vuelve a la calma. Cerraba los ojos y pensaba en estos procesos neurológicos, y el bullicio mental se iba nublando dulcemente, pues el sueño reparador se hacía cargo de disipar este torbellino mental.

Me despertaba justo un poco antes de que sonara la alarma del móvil:

—¡Coño, sigo aquí! No quiero salir del saco, ¡fuera solo hay pánico!

Vuelta a la misma rutina de los últimos días: el barco iba a toda mecha, el mar seguía enfurecido, pero aún no sabía hasta qué punto. En el pequeño cuarto de baño me vestía con una, dos, tres capas, la primera seca, el resto húmedas, y el traje de agua empapado. El de supervivencia soñado no existía en ese maldito catamarán donde unos guiris americanos se habían pegado un marchón unas semanas antes, y en esta cama se lo pasarían muy bien.

Al subir al salón, lo primero que miraba era al exterior para ver lo que me esperaba; cada día el ambiente era peor y cuando era consciente de lo que había, tomaba un café con cereales, miel, cacao y pan, para aportar hidratos a las tres horas de mar que me esperaban ahí arriba. El miedo ya estaba instalado en su sitio tras el descanso y el cerebro empezaba a organizar el estado de alarma que permitiría al organismo trabajar a tope para el buen gobierno de la embarcación. Cada peldaño que subía hasta el puesto de mando me iba mostrando el temporal que tendría que navegar. Cuando subía de noche, el mar no se veía, las nubes oscurecían todo y solo se intuía el fregado en el que estábamos por los mensajes del viento, las olas y la respuesta del catamarán.

—¡Hola! —nos saludábamos Vasquiño y yo—. ¿Hay alguien por ahí?

Era mi saludo para que me indicara si había algún barco en el horizonte, que en los últimos días no existía y de noche menos. Normalmente no había novedad y se limitaba a darme las instrucciones sobre el rumbo a seguir y poco más.

La velocidad del viento seguía subiendo y pasaba los 32 nudos del noroeste, lo que nos empujaba hacia las Azores. Sabíamos que nos habíamos metido en una de las tres depresiones que atravesaríamos antes de llegar a nuestro destino. Yo sabía que si hubiésemos navegado hacia el norte, seguramente habría pasado la borrasca y navegaríamos cómodos, pero tardaríamos más tiempo en llegar. En mi mente estaban las frases de Luis sobre el instinto marinero de llegar a puerto el primero.

Él era un hombre de mar y menos pirata, había navegado en todos estos barcos desde los 15 años y a sus 62 tenía, además, otro aliciente. En Horta lo esperaba su novia, de la que estaba enamorado desde hacía un año. Todos estos factores se unían y le obsesionaba mantener un rumbo directo de 042°C, y si había más viento antes llegaríamos. Donde manda patrón, no manda marinero; yo iba de segundo y no tenía más remedio que aguantar el tirón, pero en la soledad de la noche pensaba en el rumbo que a mí me gustaría haber tomado de ir yo de primero, que era el que traían los colegas que venían detrás a varios días de ventaja. Ellos seguían rumbo norte y en los mensajes que mandaban hablaban de buena mar para navegar a placer. Mi mente seguía trabajando en adaptarse a la situación de estrés y a no cuestionarse demasiado el rumbo de los acontecimientos. Me costaba trabajo mantener una conversación con él, pues la diferencia de criterio era manifiesta y yo no podía disimularlo. Debía obedecer las órdenes, aunque no me gustaran, y eso era un trabajo extra para mis revueltas neuronas.

La fecha prevista de llegada era el día 18 de mayo y la primera borrasca la encontramos el 11 de mayo. Tuvimos varios días en los que la mar pasaba de 40 nudos. Pero a partir del día 15 teníamos fuerza 8 y no bajaría de ahí. Con 30 nudos fuimos tomando rizos, primero uno hasta los 35 nudos. El barco surfeaba con las olas por la aleta de babor que empezaban a romper, dejando un mar de espuma blanca sobre gris oscuro, pero el barco se encontraba bien con esta mar. Cuando subí a la guardia el día 16, observé olas de 4 metros rompiendo por la popa, elevaban el cata hacia arriba y este las seguía sin pasarse de orzada. Estaba diseñado para estos vientos y las velas iban bien trimadas. Subí a mi puesto en la rueda y el espectáculo era asombroso. El barco se levantaba de popa, aumentaba la velocidad, la proa se dirigía hacia el seno de las olas y mi temor aumentaba pensando que se hundiera la proa, pero la génova tiraba con fuerza hacia arriba surfeándolas como una tabla de *windsurfing*. El *plotter* marcaba durante todo el día 35 nudos de *wind*, rachas de 40, 13-15 de velocidad y el pánico empezó a convertirse en placer al comprobar con el paso del tiempo que no había problema. Así navegamos el día 16 y 17, sin visibilidad, solo las olas y rociones que subían hasta el puesto de la rueda. No llevábamos radar ni AIS ni radio, por lo que teníamos que mantener los ojos bien abiertos, pues si aparecía algún barco deberíamos maniobrar rápido para evitar la temida colisión.

El día 18 entramos en la tercera y mayor borrasca con vientos de 45 nudos, la vela mayor arriada y dos rizos en la génova durante todo el día. Comenzó a llover a las 12:00, no se veía nada y quedaban 100 millas para el puerto de Punta Delgada al que nos dirigíamos por órdenes del armador.

Descansé de 14:00 a 16:00, me puse la última capa seca que tenía tanto de camiseta como de pantalón y el resto de ropa mojada, incluido el traje de agua. Me subí unas gafas de *snorkel* que me había comprado para este viaje y subí al puesto de mando en una tarde de miedo, olas rompiendo, viento ensordecedor y el pánico instalado de nuevo en mi mente.

Ya arriba, casi no podíamos hablar, 45 nudos de viento, visibilidad nula, un fuerte aguacero y con las gafas puestas pude ver en la pantalla que estábamos a 50 millas náuticas de Punta

Delgada. Me senté a la izquierda de Luis, el agua venía de frente y me tapaba la cara con la capucha del traje de agua. Pensaba en cómo tenía que saltar al agua en caso de vuelco, para no chocarme con los obenques. ¿Traía mi LDP? En realidad, sabía que serviría de poco, salvo que soltáramos la balsa salvavidas, pero, sin traje de supervivencia, ¿cuánto duraría con el agua a 13 °C?, ¿Dos horas?, ¿cómo se activa la radiobaliza?, ¿aguantarán las escotas tanta fuerza?, ¿cómo era el Padre Nuestro?…

El pánico era intenso, el cuerpo empapado y helado, el agua en la cara solo me permitía ver la pantalla del *plotter*, nuestro guía, y pensé:

—Qué más da. Si caes al agua a 13 °C y con este mar, no te va a encontrar ni el ángel de la guarda.

La amígdala del sistema límbico cerebral estaba a pleno rendimiento liberando neurotransmisores, glutamato, GABA (ácido gamma-aminobutírico), serotonina, norepinefrina, dopamina, corticotropina y urotropina, cada uno de los cuales actúa en su órgano diana y prepara al cuerpo para actuar, defendiéndose de los factores que provocan el pánico…

Notaba mi cuerpo en tensión, brazos y piernas listos para el salto, la boca seca a pesar del aguacero, una opresión en la garganta y en un momento determinado se calmó un poco mi actitud defensiva y pensé:

—**NO TE PREOCUPES MÁS, TODO ESTO LO CONTARÁS.**

Había llegado al tope de mi estado de alarma, noté una tranquilidad relativa al pensar que aquí no se acababa todo, navegamos dos horas más hasta que en el *plotter* apareció la isla de Punta Delgada y después el resplandor de las luces de la ciudad me pareció el de una feria a la que íbamos cuando jóvenes, ahí estaba la felicidad en forma de diversión. Donde dos horas antes era una mar embravecida, oscura y amenazadora, ahora sentía unas olas que empujaban el barco hacia esta feria que ahora tenía cerca, una luz roja intermitente nos guiaba hacia la bocana del puerto y significaba que todo lo que había vivido días atrás, podría contarlo, ¡qué alegría! Al pasar junto a la luz roja, todo se calmó, el barco no se movía y Luis hablaba por radio con el marinero en un lindo idioma portugués, que le indicaba dónde debíamos dirigirnos para amarrar nuestro dócil catamarán.

Cuando bajé al *finger* para amarrarlo, sentí tal inestabilidad que tuve que hacer un sobreesfuerzo para andarlo hasta el extremo de popa y hacer firme la amarra a la cornamusa. Repetí la operación en los cuatro puntos hasta que el barco quedó firme y seguro. El viento ya se oía de lejos y la oscuridad detrás del muro del puerto no revelaba lo que habíamos pasado unas horas atrás. El cobijo del puerto permitió a la mente volver a la normalidad, y poco a poco el cortisol de las glándulas suprarrenales dejó de inundar el torrente sanguíneo, dejando a músculos y articulaciones como nuevas.

La primera cerveza que tomamos en el restaurante más cercano al puerto me sentó de forma que no se puede describir, la segunda me tranquilizó y dimos paso a un vinillo de las Azores que me llenó mi cuerpo de bienestar. Cenamos un buen pescado y dormí en mi camarote a pierna suelta.

Luis en Punta Delgada.

Punta Delgada, la isla de las flores.

Al día siguiente, tras una conversación entre Luis y el mediador con el armador, aquel decidió que dejaba el barco, pues las condiciones económicas no eran las acordadas. Sabiendo que Luis no aceptaría que le tomaran el pelo, ya tenían a otros dos capitanes a los que estaban esperando que llegaran de Madrid.

Como eran conscientes del valor de mi teléfono satelital, no dudaron en ofrecerme 400 euros por el alquiler para que lo usaran los que venían. Le dije que lo pensaría y esperé a que llegaran los nuevos mientras hacíamos el petate. Eran una pareja con buen aspecto y aproveché un momento para hablar con Pedro, el capitán, al que le dije que el teléfono me lo devolviera a mí. Me dio su palabra y le mostré su funcionamiento.

Me instalé en una habitación que alquilaban en el pueblo y programamos tres días de turismo por toda la isla. Debo reconocer que Punta Delgada es una isla muy bella, le llaman la isla de las flores, pues las ves por todos lados menos en el asfalto de las carreteras. Fueron tres días especiales por diversos motivos. El primero porque estaba vivo y disfrutando de unas minivacaciones como turista invitado, a lo cual no estoy acostumbrado, pues, dado mi carácter transeúnte, poca gente contaba conmigo para hacer algo convencional como es viajar en grupo.

El 20 de mayo, saqué un billete de avión de Punta Delgada a Lisboa, enlacé con otro a Madrid y por la tarde a Granada. Un taxi y a las 21:00 estaba en mi casa de Granada con la misma bolsa cansada y llena de ropa sucia y mi cabeza igual. Necesité un mes de descanso físico y mental sin salir prácticamente nada de mi confortable piso, dedicando el tiempo a pensar en todo lo que había vivido en las últimas semanas y a escribir la experiencia para no dejarme nada en el interior de mi zarandeada mente.

Me entretuve en seguir a la pareja hasta Baleares, y en esos días me escribieron los jefes para decirme que habían hecho cuentas y que debería reembolsarles 500 euros, que era el precio del vuelo de Puerto Rico a Islas Vírgenes. Había pinchado en hueso. Me aseguré de recuperar el teléfono, Pedro cumplió su palabra y en cuanto lo tuve en casa, me senté delante del ordenador y le escribí un burofax a la empresa cuyos datos tenía yo en el contrato que había firmado previamente, y el texto resumido decía que había sido engañado, habían puesto mi vida y la del resto de la tripulación en peligro, que comunicaría a la Asociación Nacional de Capitanes de Yate de todo lo ocurrido y me reservaba el derecho de emprender acciones legales contra ellos. No obtuve respuesta por su parte, pero todos los patrones y capitanes de España conocieron el talante de los jefes.

Hoy, tres años después, puedo decir que hice bien en embarcarme en la experiencia más intensa de mi vida, pues fue la que me planteó dudas desde el primer momento, superadas por la enorme atracción del objetivo. Supe que la mente es capaz de adaptarse a circunstancias que, de no haberlas vivido, no conocería su potencial y la que más satisfacciones me produjo, pues efectivamente la he contado muchísimas veces y disfruto como la noche que llegamos a Punta Delgada, cada vez que me siento delante de mi ordenador, para volver a contártelo a ti.

FIN

Índice